한국의
연변봉수

한국의

차용걸 감수 · 김주홍 지음

연변봉수

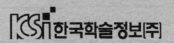
한국학술정보(주)

▌서 문 ▐

烽燧는 횃불과 연기로 변방의 위급 상황을 해당 營鎭과 中央에 전하던, 고대부터 조선 후기까지 사용된 군사적 목적의 통신방법이었다. 현재 북한을 제외한 국내에는 약 400개소가 넘는 많은 봉수가 소재하는 것으로 파악되고 있다. 그러나 아직까지 이에 대한 전반적인 현황파악은 이루어지지 않은 상태이다. 또한 復原이라는 미명하에 유지가 온전하게 남아 있는 봉수에 대한 원형훼손이 경남 남해안의 특정지역을 대상으로 자행되고 있다. 특히 부산·울산·대구를 포함한 慶尙地域에는 약 170개소 가량의 국내에서 가장 많은 봉수가 소재하는 곳이다. 그런 만큼 이 지역은 타 지역에 비해 조사 및 문화재로 지정된 경우도 많다. 그러나 일부는 정확한 고증 없이 천편일률적인 복원을 통해 원형을 상실하거나 재창조된 경우도 있어 아쉬움이 크다.

이러한 봉수의 조사 및 연구는 아직까지 타 분야에 비하면 미약하기 그지없으며 연구자도 극히 적은 상황에서 지엽적으로만 이해되어 온 실정이다. 이러한 원인은 봉수가 접근이 용이하지 않은 산정에 소재한다는 조사의 至難에 한 요인이 있다. 이 외에도 봉수제가 폐지되고 오랜 세월이 경과하는 동안 위치조차 모르는 데다 존재마저 잊혀진 경우가 많아 학계의 주목을 받지 못하였다.

筆者는 韓國의 烽燧를 평생의 연구주제로 삼아 전공 분야로 결정하기까지 많은 고민을 거듭하였다. 석사과정 진학 후 지금까지 틈나는 대로 전국의 봉수를 답사하면서 조사결과를 학회지에 논문이나 봉수 조사보고서에 부록으로 발표하기도 했다. 그럼에도 아직까지 풀리지 않는 의문을 지니고 있다. 왜 동일 지역임에도 봉수의 형태가 다르며, 과연 신호는 어떻게 올렸을까, 또 봉수제가 운영되던 당시 봉수의 실제 거화구조는 어떠했을까 등이 그것이다.

왜 봉수를 전공하게 되었는지에 대한 질문은 필자와 처음 대면하는 사람들이 자주 하는 질문이다. 이에 대한 필자의 대답은 전공 분야를 선택할 때 남들이 안한 게 무엇인가를 고민하다 결국 택한 게 봉수이며 후회는 없다고 답하였다. 이 말은 지금도 전공분야 선택을 놓고 고민하는 후학들에게 항상 하는 말이 되고 있다.

석사과정 진학 후 2001년 필자가 발표한 학위논문은 『京畿地域의 烽燧研究』이다. 고려~조선시대 봉수제의 변천을 다루고 이어 당시 파악한 경기지역 소재 54개소 봉수의 분포와 특징을 통계적으로 다룬 다음 경·연변·내지 성격별로 구분하여 지역별로 다룬 글이다. 처음에는 다소 호평을 받았으나 이후 필자가 간과하였던 古地圖에서 瞭望이라 표기된 조선 후기 축조 연변봉수 성격의 다수 權設烽燧가 확인되어 학위논문이 출간된 지 불과 2~3년 만에 무용지물이 되어 버렸다. 따라서 당시의 학위논문을 책으로 출간하자는 제의가 간혹 있으나 실천을 못하고 있다.

이후 필자는 활동 영역을 점차 충청·경상·전라·강원지역으로 뻗쳐 이들 지역 소재 봉수의 답사를 틈나는 대로 실시하였다. 이 중 제일 역점을 두고 답사한 지역이 慶尙地域이었다. 왜냐하면 이 지역은 국내에서 가장 많은 수의 봉수가 각 지역별로 소재하며 문화재로 지정 및 조사도 많이 이루어진 데다 현재도 복원이 급속도로 이루어지고 있기 때문이다. 반면, 상대적으로 다른 지역은 이에 대한 관심이 적어 언제라도 조사가 가능하다고 판단하였기 때문이다.

조사를 통해 아무리 해발고도가 높은 곳에 있는 봉수라도 유지가 잘 남아 있고 처음 보는 형태의 봉수를 접할 때 느끼는 희열감은 참으로 큰 것이었다. 그동안 조사를 위해 버린 시간과 경비는 차치하고 대신 일일이 답사를 통해 잡목을 제거하고 현황기록 및 사진촬영을 통해 축적한 자료가 어느덧 야장 20여 권과 슬라이드 사진자료 9천 매 가량으로 남게 되었다. 그럼에도 아직 가보아야 할 곳이 많이 남아 있다. 어떤 곳은 아직 한번도 못 가본 곳이 있는 반면, 특이한 형태로서 가치가 있다고 판단했던 봉수는 몇 번을 가기까지 하면서 도면을 그리고 현황을 파악하여 왔다. 조사를 마치고 돌아가면서는 이제 봤으니 두 번 다시 올 일 없다. 하면서도 시간이 지나면 예전에 다녔던 봉수가 혹시 그동안 비바람에 허물어지지는 않았을까? 하는 생각에 누워서도 눈에 선하여 다시 가보고 싶은 곳이 여럿 있다.

필자는 2003년 생애 처음으로 서울의 某 출판사에서 봉수를 주제로 발간하게 된 『한국의 봉수』 단행본을 접하던 날의 감격을 잊지 못하고 있다. 그리고 5년이 지났다. 처음 1,500권을 출판 당시에는 금방 초판 1쇄가 매진되어 출판사에서 재판을 찍자는 연락을 고대하였으나 결국 오지 않았다. 아마도 지금 교보·영풍문고 등 대형 서점의 서가 한쪽 구석에서 누군가 찾아줄 날을 기다리고 있는 것 같다.

이후 봉수의 조사 및 연구는 필자가 학위논문을 내고 단행본을 출간하던 때와는 확연하게 조사나 연구의 양이 증가하였다. 또한 각 지역별로 이에 관심을 갖고 활동하는 분들이 여럿 생겼다. 따라서 그간 증가한 자료를 언젠가는 정리해 보고 싶은 마음이 있던 차, 본 도서를 발간하게 되었다.

그동안 봉수를 조사·연구하면서 많은 애환과 안타까움이 있었다. 우선 애환을 소개하면 2001년도 설 명절을 앞두고는 돌아가신 嚴親의 꾸지람을 뒤로 한 채 논산 魯城山烽燧를 조사하러 가면서 내리던 눈은 급기야 조사를 마칠 때쯤 거의 暴雪 수준으로 변하였다. 조바심에 대충 조사를 마치고 자가용을 몰고 내려갈 때의 심정은 그야말로 차를 버리고 싶을 만큼 절박하였었다.

2002년도 한겨울에 강화도 소재 봉수를 조사할 때는 차를 소유한 후배를 통행하여 미리 전날 현지에서 자고 눈을 떠 보니 간밤에 내린 눈으로 온통 세상이 하얗게 변해 있었다. 조사를 포기하고 귀갓길에 트럭과 접촉사고가 나서 결국 후배의 차를 폐차시키기에 이르렀다.

2003년도 부산 鷹峰烽燧를 조사할 때는 전날 某 학회에 참석했다가 일행들과 어울려 마신 술이 덜 깨어 머리가 매우 어지러웠다. 더군다나 부산지리도 모르는 상황에서 혼자 차를 몰고 앞만 보고 찾아가려니 그야말로 눈물이 쑥 나올 지경이었다. 그러면서도 물어물어 찾아갖고 결국 보고 나니 직성이 풀렸다.

2004년도 고성 佐耳山烽燧를 조사하러 갈 때는 장마철에 카메라 가방을 둘러매고 우산 하나 펼쳐 든 채 해발 415m 고지의 산을 한 시간쯤 올라가니 거의 要塞를 방불케 하는 봉수가 보였다. 마침 비는 暴雨로 변하여 산꼭대기 봉수 옆에서 작은 우산 하나로 카메라가 젖을까 봐 가방을 꼭 껴안고 비를 피해도 그칠 줄을 몰랐다. 마침 봉수 건물터에는 산불감시 초소가 있었는데 문이 잠겨 있어 내친 김에 돌멩이로 유리를 깨고 들어가 우산으로 창문을 가린 채 한참을 기다린 후에야 비가 개어 조사를 하기도 하였다.

다음으로 안타까운 사연을 소개하면 첫째, 보령 玉眉峰·助侵山烽燧

는 필자가 조사 전 복원이 불필요할 정도로 유지가 온전하였던 보령 지역의 대표적인 봉수였다. 2000년 한 지자체 공무원에 의해 복원이 이루어져 필자가 한참 후에 답사를 했을 때는 이미 원형을 알아볼 수 없는 상태였다.

둘째, 영덕 大所山烽燧는 경북 지역 내 유일하게 기념물로 지정 및 더 이상의 복원이 불필요 할 정도로 1개소의 석축 원형 연대와 주위 방호벽 및 5개소의 연조 등 원형이 잘 남아 있던 규모가 큰 봉수였다. 그럼에도 불필요한 조사를 통해 원형을 훼손시키고 급기야 복원을 통해 연대 주위 잘 남아 있던 연조를 멸실하는 등 옛 모습을 완전히 상실하였다.

셋째, 남해 雪屹山烽燧와 猿山烽燧는 錦山·臺防山烽燧와 더불어 유지가 온전하게 남아 있던 남해 지역의 대표적인 봉수였다. 그럼에도 아무런 조사 없이 최근 복원을 통해 오늘날 사천·진주·김해·거제 지역의 일부 복원된 봉수에서 보듯 천편일률적인 모습으로 변해버렸다. 특히, 원산봉수의 경우는 복원되기 전에 가 보지를 못하여 원래의 모습이 어떠했는지를 기록과 사진으로 남기지 못한 아쉬움이 크다.

넷째, 가장 최근에 이루어진 복원으로 거제 江望山烽燧와 함안 巴山烽燧는 학술기관에 의해 시굴·발굴조사 후 보고서도 채 나오기 전에 복원이 급속도로 이루어져 원형과는 완전히 다른 새로운 모습으로 재창조되었다. 그럼에도 지금 인터넷을 통해 널리 유포되고 있어 일반인들의 봉수에 대한 올바른 인식을 왜곡시키고 있다.

다섯째, 통영의 蛇梁鎭主峯烽燧(달리 供需山烽燧) 또한 위의 사례와 유사하게 복원을 전제로 한 지표조사 후 발굴이 이루어질 예정으로 알고 있으나, 과연 어떤 모습으로 복원이 진행될지 궁금하다.

따라서 향후 유지가 온전하게 잘 남아 있는 봉수임에도 복원이라는 미명하에 자행되고 있는 더 이상의 불필요한 복원은 지양하고 최소한의 허물어진 곳을 보수하고 정비에만 한정하였으면 하는 바람이 크다.

그동안 국내 300개소가 넘는 봉수를 혼자 때로는 동학과 더불어 답사하면서 필자는 스스로 호를 古峯子라 작명하고 칭하고 있다. 처음에는 횃불을 뜻하는 烽을 쓰려고 하였으나, 평생 다리에 힘이 있을 때까지 봉수가 있는 산봉우리를 머리에 지고 올라가야 할 것 같아 봉우리 峯자를 택했다.

본 도서는 한국의 연변봉수를 주제로 미공개 자료 약 90여 개소를 사진과 도면 및 조사자료를 바탕으로 현황을 소개하는 책자이다. 아직도 답사하여야 할 곳이 많고 소개될 봉수가 많은 상황에서 끝을 못 보고 중간에 책자를 낸다는 것이 과욕인지도 모른다. 그럼에도 작금에 발간하는 본 도서는 국내뿐만 아니라 봉수의 시원국인 중국에서도 발간된 적이 없다고 자부한다. 또한 한국의 봉수를 현황 중심으로 체계적으로 보고하고 있기에 이 자체가 옛날 우리 조상들의 호국 군사통신 시설이었던 봉수를 이해하는 데 그 무엇보다 중요한 자료가 되리라 믿는다.

이 도서의 구성은 지역별로 국내 연변봉수의 현황을 살피기에 앞서 韓國 沿邊烽燧의 形式分類考라는 제목으로 필자의 소논문을 서두에 실었다. 연변봉수는 지금까지의 조사를 통해 형태에 따라 대략 11가지 형태로 구분된다. 이는 동일 제목으로 2004년도에 기 발표되었던 필자의 소논문을 그동안의 조사결과를 반영하여 보강한 내용이다. 본 도서에 소개된 사진은 그동안의 답사를 통해 필자가 직접 촬영한 것이지만, 그렇지 않은 경우는 해당 사진마다 제공자를 표기하였으며, 도면의 경우도 마찬가지이다.

필자의 향후 바람은 본 도서와 동일한 형태로 韓國의 內地烽燧를 발간하는 것이며, 향후의 조사결과를 더 반영하여 增補判을 내는 것이다. 이 외에 방호시설·거화시설·출입시설·건물지·출토유물 등 봉수의 부속시설과 관련된 특정주제를 대상으로 소논문을 발표한 후 이를 종합하는 것이다. 이를 통해 좀 더 봉수의 실체에 한 걸음씩 다가서는 계기가 되고자 하며 미진한 사항은 추후 계속 보완하고자 한다.

아울러 필자의 오늘이 있기까지 주변에서 지도편달과 도움을 주신 분들을 잊을 수 없다. 우선 車勇杰 지도교수님은 필자가 박사과정 진학을 위해 충북대학교에 처음 방문했을 때 흔쾌히 받아주시고 공석에서나 사석에서나 항상 올바른 학문의 방향을 제시하여 주시고 있다. 토지박물관 沈光注 선생님은 필자가 한국토지공사 입사 후 직장생활을 위해 막 지방에서 올라와 학문발전을 기대하지 못하고 평범한 월급쟁이로 안주하려는 경향을 보일 때 학위과정에 진학하게끔 동기를 부여해 주셨다. 얼마 전 충주대학교 교양학부 교수로 임명이 된 필자의 동학 白種伍 선생님은 같은 研究所 출신으로 앞날을 기약할 수 없던 어려운 시절 각각 慶州와 夫餘에 떨어져서 1년에 한두 번 만날까 하는 그런 사이였다. 이후 경기도박물관의 학예사로 부임하여 항상 가까이 생활하게 되면서 필자와 친형제 이상으로 교분을 쌓았다. 비록 그동안 별다른 인연이 없었던 忠州로 내려가 있어 자주 만나는 날은 이전보다 적게 되었지만 지금까지 수도권에서 보여주었던 왕성한 연구활동을 기대해 본다. 울산과학대학 李喆永 교수님은 국내 최초『朝鮮時代 沿邊烽燧에 관한 研究』로 박사학위를 받은 분이다. 어찌 보면 필자보다 먼저 봉수박사 1호가 된 분이다. 봉수 조사관계로 필자가 울산을 포함한 경상남북도 지역을 돌아다닐 때 항상 필자의 동반자가 되어 주셨고, 이제 평생 같은 학문분야의 반려자가 되었다. 또한 손수 작성한 圖面을 아무 조건 없이 본 도서에 사용토록 제공해 주셨다. 목

포대학교 박물관의 高龍圭 선생님도 자신이 지금껏 조사하고 보관해
온 전남지역 일대 과거의 봉수유적 사진을 아무런 조건 없이 본 책자
의 발간과 향후 유용하게 활용토록 제공해 주셨다. 최진연 사진작가님
은 본 책자의 발간취지를 이해하여 주시고 몸소 촬영하신 사진을 제
공하여 주셨다.

이 외에도 삼척 하장고등학교의 김도현 선생님, 울진의 김성준·임
정준 선생님, 울산의 이수창 선생님, 남해의 문부경 선생님, 여수의 백
형선 선생님, 고흥의 김경배 선생님 등은 필자의 봉수조사 시 길 안내
를 자처하시거나 따뜻한 식사와 잠자리를 제공해 주시기도 하였다.

그리고 동서문화재연구원 임동재 선생님은 경남지역에서 조사 중이
었던 봉수의 직접 안내를 통해 필자에게 견문의 기회를 넓혀주기도
하였다. 아울러 경남고고학연구소 홍성우 선생, 동아세아문화재연구원
심종훈 선생, 충청문화재연구원 박형순 선생, 우리문화재연구원 유병
록·김성미 선생, 신라문화유산조사단 김권일 선생 등은 최근 어려운
여건에서도 각자 맡은 봉수조사를 무난히 수행하여 훌륭한 결과보고
서를 낸 바 있다. 따지고 보면 본 도서에 수록된 해당 봉수의 원고내
용과 사진 등은 위에 소개한 분들의 땀의 결정체로서, 필자는 이를 인
용한 것에 불과하다. 특히 홍성우 선생은 본래 전공을 무문토기시대
석기로 하고자 하였으나, 고성 天王岾·曲山 2개소의 봉수조사를 몸소
맡아 하면서 전공을 바꾸어 최근 모교에서 『慶南地域 烽燧臺의 構造에
관한 一考察』(2007)로 석사학위를 받게 되었다. 봉수관련 학위로는 열
한 번째가 되며 앞으로의 활동이 기대된다. 이 외에도 일일이 열거를
다하지 못한 많은 분들께도 감사를 드린다.

끝으로 상업성이 없는 본 도서의 출판을 제의하여 주시고 예쁘게
책을 만들어 주신 한국학술정보(주) 출판사업부의 김근영·임은정 선

생님께 감사를 드린다. 그리고 허구한 날 시간만 나면 가정사와 크는
아이들은 내팽개친 채 밖으로만 나돌아 다녔던 남편을 이해해 준 아
내 박은주와 아들 형호, 딸 희호 및 청주에 홀로 계신 어머님, 귀한
딸을 필자에게 보내신 후 변변찮은 사위를 묵묵히 지켜봐 주시고 있
는 장인·장모님께 엎드려 이 책을 바친다.

2007년 11월

古峯子 金周洪

고려시대에 정례화되고, 조선 초기에 크게 정비되어 수백 년을 유지
하였던 봉수제도가 1894년 폐지되고, 이듬해 봉수를 지키던 봉수군도
철수됨에 따라 군사통신 시설로서의 봉수와 연대의 터전은 급격히 퇴
락되었다. 제도가 운용되었던 실상은 문헌에 의해 그 실상이 파악되어
야 하고, 터전이 남은 것은 나름대로의 모습을 보여줄 때 그 역사적
실체를 이해할 수 있다.

종래 봉수에 대한 역사학에서의 이해는 도성의 봉수로 모여드는 봉수
노선을 直烽과 間烽으로 나누어 지도에 표시하고, 이와 관련된 대략적 이
해를 개설로 이해하고 있었다. 내가 1991년에 忠北의 烽燧에 대한 작은
보고서를 작성하면서 봉수의 등급이랄까 구분을 京烽燧-內地烽燧-沿
邊烽燧로 지리적 위치에 따라 크게 구분하고, 이후 연변에는 중앙과의 연
락용이 아닌 지방 주요 기지에 연락을 하는 權設烽燧가 별도로 있었다고
파악한 이래, 전국에 걸쳐 몇몇의 봉수나 연대가 정밀히 조사되었다.

이러한 문헌사학과 고고학적 조사의 성과를 종합하여 봉수와 관련된
이해를 높이기 위해서는 전국에 남아 있는 봉수와 연대들을 일일이 찾
고, 조사하고, 정리해야 되는 수고로운 일이 필요하였다. 古峯子 金周洪
은 평생을 걸고 가장 더운 여름이나 가장 추운 겨울을 가리지 않고, 시

간과 건강이 허락될 때마다 이 수고로운 일에 뛰어든 사람이다.

봉수대 하나를 완전히 조사한 경험을 가지고, 이후 여러 조사 현장을 돌아볼 때마다 나타난 사람일 뿐만 아니라, 만날 때마다 의심되는 부분 등에 대해 묻고 토론하는 가운데 비범한 자질과 비장한 결심이 꿈틀대는 모습을 볼 수 있었다. 이후 반드시 나의 지도를 받기를 청하므로, 走馬加鞭이란 말이 있듯이 열심히 온 힘을 다해 달리는 말에 더욱 채찍을 친다고, 박사과정에 들어와 연마하는 사람에게 더 많은 주문을 계속하는 야속함을 이해할 것이라 믿고 우리나라에서뿐만 아니라 세계 제일의 봉수전문가가 되기를 희망하고 있다.

이러한 기대를 저버리지 않고, 직장 생활에도 열심이면서 잠시의 휴식도 없이 전국의 산봉우리를 누벼, 가장 많은 봉수대를 아는 사람이 되었다. 그간 다른 저서도 있었으나, 이번의 연변봉수에 대한 이 책은 그간의 노력을 여실히 보여줄 뿐만 아니라, 학자로서의 집념과 정열을 집약하여 일반 국민들의 지적 욕구를 풀어줄 수 있는 책으로 꾸몄다는 점에서 칭찬을 아니 할 수 없다.

이제 우리나라의 봉수에 관한 한 고봉자 김주홍이 가진 지식을 넘어선 사람을 아직 보지 못하였는데, 앞으로도 그러할 것이라 믿고 싶다. 쉬운 길만을 추구하는 젊은이들의 취향을 몸으로 막아서고 넘어선 사람이다. 그만큼 중견 학자가 되었다.

조금 늦게 시작하였으나 나이가 들어간다고 멈출 사람이 아니므로, 아마도 계속하여 더욱 좋은 성과물이 나와 앎을 선도하고, 그 앎을 국민들에게 나누어주는 본받을 만한 학자로 대성하기를 빌며, 간행에 대한 축하의 뜻을 전한다.

2007년 11월
車勇杰

▌차 례▐

▌ 일러두기 ▌

1. 수록대상

　본 도서에 수록된 봉수는 국내에 소재하는 약 400개소가 넘는 봉수 중 제주도를 제외한 인천·경기, 강원, 충청, 경상, 전라지역 소재 연변봉수에 한정하여 각 도별·지역별로 노선별 순서에 따라 소개하였다.

2. 봉수명칭

　본 도서에 수록된 봉수의 명칭은 현재에 이르기까지 가장 보편적으로 통칭되고 있는 후기지지서에 기록된 명칭을 사용하였으며, 이명이 있는 경우 별칭을 부기하였다.

3. 봉수용어

　본 도서에 소개된 봉수의 주요 어휘는 다음과 같다.
- **경봉수**(京烽燧): 봉수제가 운영되던 고려·조선시대에 전국의 모든 봉수가 집결하였던 중앙봉수
  고려시대: 송악산봉수　강화천도기: 송악봉수　조선시대: 목멱산봉수
- **권설봉수**(權設烽燧): 조선 후기 군사적으로 중요하였던 營鎭에서 자체적으로 설치하여 본 읍으로만 연락하도록 운영한 봉수로서 주로 해안 연변지역에 설치되어 있으므로 沿邊烽燧와 같은 말로 통용된다.『大東地志』의 各 道 烽燧 條에서 처음으로 확인된다.
  京畿道: 7處　忠淸道: 4處　慶尙道: 10處　全羅道: 10處　咸鏡道: 5處
- **내지봉수**(內地烽燧): 연변봉수와 경봉수를 연결하는 육지내륙봉수로서 腹裏烽火와 같은 용어

- **연변봉수**(沿邊烽燧): 국경과 해변에 설치되어 煙臺라고도 불린 해안 연변지역의 최전방 변경봉수. 다음과 같이 열한 가지 형태로 분류된다.
  ① 煙臺形 ② 煙臺+煙竈形 ③ 煙臺+壕形 ④ 煙臺+防護壁形
  ⑤ 煙臺+壕+防護壁形 ⑥ 煙臺+煙竈+壕形 ⑦ 煙臺+煙竈形+防護壁形
  ⑧ 煙臺+煙竈+壕+防護壁形 ⑨ 防護壁形 ⑩ 防護壁+煙竈形
  ⑪ 防護壁+煙竈+壕形
- **연대**(煙臺): 해안 연변봉수에서 항시적으로 1炬 또는 비상시 炬火를 위해 설치한 높이 3m 내외의 토축, 석축 또는 토·석 혼축의 인공적 인 시설물로 연변봉수 그 자체를 의미하기도 한다. 연대 상부 중앙에 는 원형 혹은 방형의 연소실(燃燒室)이 마련되어 있다.
- **연소실**(燃燒室): 봉수가 거화를 하기 위한 목적에서 煙臺 상부의 중앙 부에 마련한 연료 소성방. 주로 沿邊烽燧에서 확인되며 인천 杻串烽燧, 울산 楡浦烽燧, 부산 기장 爾吉烽燧, 거제 江望山烽燧, 영덕 別畔山烽 燧, 고흥 加乃浦烽燧, 충남 보령 元山島烽燧에서 이러한 구조물이 뚜렷 하게 확인된다.
- **연조**(煙竈): 불을 피우는 시설. 달리 아궁이, 봉조(烽竈)·봉돈(烽墩)· 연굴(煙窟)로도 통용되나 연조가 옳은 용어이다.
- **요망대**(瞭望臺): 높다란 곳에서 적의 동정을 살펴 바라보기 위해 구축 한 시설로 위급 시 거화를 하기 위한 시설이 마련되어 있었으며 권설 봉수와 같은 용도로 활용되었다.

4. 원 고

본 도서의 원고는 특정분야의 전문인이 아닌 일반인을 대상으로 가급적 이해하기 쉽게 서술하였으며 본문마다 해당 봉수의 원고 밑에 관련된 용 어의 풀이를 하였다.

5. 사진·도면

본 도서는 사진과 도면 중심으로 편집하되 연변봉수의 전형을 보이는 관련봉수의 도면을 제시함으로써 한국 연변봉수의 이해에 도움이 되고자 하였다.

제1부
한국 연변봉수의 형식분류고

I   序 論

본고는 봉수성격상 內地烽燧에 대비되는 沿邊烽燧를 거화 및 방호 시설의 구조·형태에 따른 열한 가지로 분류하여 각 형태별로 고찰하고 대표적인 봉수를 소개하고자 한다.[1] 과거에 필자가 기 발표하였던 논문은 당시까지 조사되었던 봉수를 여섯 가지 형태로 단순하게 분류[2]한데다, 각 형태별로 분류된 봉수의 실제 형태가 추후 조사를 통해 다르게 확인되는 등 오류가 있었기 때문이다. 또한 건물지나 창고지 등 봉수관련 부속시설을 간과하고 단순히 煙臺·煙竈를 중심으로 한 壕·防護壁 등의 거화 및 방호시설의 유기적 배치형태만을 놓고 살펴본 試案에 불과하였다. 그러므로 당시의 논고는 향후의 추가조사

---

1) 본고는 필자가 2004년 동일제목으로 기 발표하였던 논문에 그동안의 조사 성과를 추가로 반영하여 정리하는 글이다. 초고가 발표된 이후 많은 조사 사례가 이루어졌고 신진 연구자의 논문발표를 통해 한국의 연변봉수 형식분류에 대한 재정립이 필요한 시점이기 때문이다. 참고로 지금까지 연변봉수의 구조·형태와 관련된 논고 및 저서는 다음과 같다.
   김주홍 외, 「韓國의 沿邊烽燧(Ⅰ)」, 『한국성곽연구회 정기학술대회』(총서 2), 한국성곽연구회, 2003.; 김주홍 외, 『한국의 봉수』, 눈빛, 2003.; 김주홍, 「韓國의 沿邊烽燧(Ⅱ)」, 『울산지역 봉수체계와 천내봉수대의 보존방안』, 울산과학대학 건설환경연구소, 2004.; 김주홍, 「韓國烽燧의 構造·施設과 地域別 現況 考察」, 『한국성곽연구회 학술대회』(총서5), 한국성곽연구회, 2004.; 金周洪, 「韓國 沿邊烽燧의 形式分類考(Ⅰ)」, 『實學思想研究』27輯, 毋岳實學會, 2004.; 李喆永, 『朝鮮時代 沿邊烽燧에 관한 研究』, 大邱가톨릭大學校 博士學位論文, 2006.; 洪性雨, 『慶南地域 烽燧臺의 構造에 관한 一考察』, 慶南大學校 碩士學位論文, 2007.
2) ① 烟臺形 ② 烟臺+防護壁形 ③ 烟臺+壕形 ④ 烟臺+烟竈形 ⑤ 烟臺+防護壁+烟竈形 ⑥ 異形.

를 통해 可變性이 있음을 미리 밝혀둔 바 있다. 그러므로 본고를 통해 과거 필자가 제시하였던 연변봉수 형식분류의 오류를 바로잡고 봉수제가 운영되던 당시의 연변봉수에 대한 형식적 고찰을 통해 좀 더 세분화된 실체적 접근을 시도하는 데 본고의 집필 목적이 있다.

아울러 필자의 논고가 처음으로 발표된 이후 얼마 안 있어 신진 두 연구자에 의해 연변봉수의 새로운 형식분류안이 대안으로 제시되었다. 우선 李喆永은 건축학적인 입장에서 거화시설·방호시설뿐만 아니라 烽燧軍의 주거시설을 함께 고려하여, 거화 및 방호시설과 주거시설의 배치형태에 따라 ① 一廓形, ② 連接形, ③ 分離形으로 구분하고 일곽형은 다시 單廓形과 複廓形으로 구분하였다. 따라서 이렇게 배치된 연변봉수의 종합적인 평면형태에 따라 ① 圓形, ② 半圓形, ③ 橢圓形, ④ 方形, ⑤ 末角方形으로 구분하였는데, 이들 배치형태 및 평면형태는 봉수대가 위치한 입지, 군사·행정상의 특성, 지역성 등이 반영되어 다양하게 나타나고 있음을 밝혔다.3)

다음으로 洪性雨는 경남지역 봉수의 구조를 망대와 연조의 배치 형태 및 중심시설을 감싸는 방호벽 및 호의 유무에 의한 구분에 따라 ① Ⅰa型(烟臺+防護壁型), ② Ⅰb型(烟臺型), ③ Ⅱa型(望臺+煙竈+防護壁型), ④ Ⅱb型(望臺+煙竈型), ⑤ Ⅲa型(煙竈+防護壁型), ⑥ Ⅲb型(煙竈型)의 여섯 가지 형식으로 분류하였다.4) 필자의 견해로 이는 경남지역 소재 전체 봉수도 아닌 26개소 소수 봉수에 대한 답사결과만을 놓고 분석한 결과이며 이 중 1/4가량은 경남내륙지역 소재의 내지봉수를 분석대상에 포함하여 놓았다. 따라서 연변·내지봉수는 그 구

3) 李喆永,『朝鮮時代 沿邊烽燧에 관한 硏究』, 大邱가톨릭大學校 博士學位論文, 2006, pp.9~69.
4) 洪性雨,『慶南地域 烽燧臺의 構造에 관한 一考察』, 慶南大學校 碩士學位論文, 2007, pp.35~41.

조·형태와 속성을 달리함에도 26개소라는 소수 봉수를 놓고 이를 일률적으로 여섯 가지 형식으로 분류한 것은 무리가 있다고 보인다. 또한 앞으로의 조사결과에 따라 이 분류안은 더욱 세분화가 필요하며 항구적인 분류안은 아니라고 여겨진다. 그럼에도 홍성우의 연구는 연대 구조 해석의 문제라든가 望臺와 煙臺의 분리 등 이전과는 다른 한 단계 진전한 연구성과를 보여주었다는 데 의의가 있다.

본 논고에서 살펴볼 沿邊烽燧는 삼국시대뿐만 아니라 주로 고려～조선시대에 강원·경상·전라·충남·인천·경기 등의 동·서·남해 안 지역과 海中의 島嶼에 설치돼 달리 煙臺라 지칭되었던 최전방 변경봉수이다. 평면 圓形 혹은 方形의 연대 상부 중앙에는 봉수제가 운영되던 당시 거화를 위해 시설한 원형 혹은 방형의 燃燒室이 확인되고 있다. 또한 높이 3m 내외의 연대에 오르기 위해 연대 측면에는 螺旋形 오름시설을 특징적으로 갖추고 있는 경우도 있다. 한편, 연변봉수는 봉수군의 근무에 내지봉수보다 상대적으로 위험이 컸으므로 연대 주위에 시설한 壕나 防護壁의 있고 없음에 따라 평면형태적으로 다양한 차이점이 있다. 또한 지역별로 드물게 연대 주위에 4내지 5개소 혹은 그 이상의 토축 내지 석축 혹은 토+석 혼축의 연조를 갖춘 연변봉수가 확인되고 있다.

이러한 연변봉수의 축조규칙은 조선전기인 세종 29년(1447) 3월 의정부에서 병조의 呈狀에 의거하여 올린 건의를 통해 확인할 수 있다. 그러나 실제는 築造材料(土, 石, 土+石), 性格(沿邊, 內地)에 따라 축조구조와 규모를 달리하며, 平面形態 면에서 방형·원형·말각방형·장반타원형·세장방형·복합형 등 지형여건과 시기에 따른 축조방식의 다양한 차이점이 있다. 또한, 중·개축 및 지역별 특이성으로 인해 정형화된 특정 형태를 설정할 수 없는 상태이다. 따라서 필자가 실제

踏査를 통해 확인한 결과로는 동일지역임에도 연변봉수의 구조·형태가 판이하여 전국적으로 문헌기록에 부합되지 않는 다양한 형태의 봉수가 잔존하고 있는 사례를 다수 확인할 수 있었다.

구체적인 사례로서 첫째, 江華島의 경우 고려시대부터 조선 전 시기에 걸쳐 축조되어 운영된 봉수·요망은 모두 17개소이다. 성격상 沿邊烽燧 10개소이며, 조선 후기 축조 요망대 성격의 權設烽燧 7개소이다. 路線別로는 대부분 제5거 노선의 직봉 혹은 간봉이다. 그러나 교동면 소재 修井山烽燧의 경우 강화도의 다른 봉수와는 달리 제4거 간봉(3)노선의 연변봉수로서 노선을 달리하고 있다. 형태별 구조적으로 크게 煙臺形, 煙臺+煙竈形, 煙竈+防護壁形의 세 가지 형태로 구분되고 있다.[5]

둘째, 20개소의 봉수가 소재하는 高興地域[6]의 경우 煙臺의 평면형태는 원형·타원형·말각방형 및 연대의 내부가 빈 방형·장방형 등이며, 연대 주위 방호벽은 석축의 방호벽 혹은 호와 이 두 가지 요소가 혼합된 다양한 형태가 있음을 조사를 통해 보고하였다. 아울러 고흥지역 소재 봉수의 특징은 문헌기록에 없는 봉수가 7개소이나, 모두 봉수의 형태를 뚜렷이 갖추고 있다는 점이다.

셋째, 8개소의 봉수가 소재하는 蔚山地域[7]의 경우 내지봉수인 夫老山·蘇山烽燧를 제외하고 연변봉수만을 놓고 볼 때 築造材料에 따라 土築(加里), 石築(爾吉·南木·柳浦), 土+石混築(下山·川內) 등으로 구분되며, 防護壁이 있는 봉수(柳浦)와 나머지 없는 봉수 등 부속시설의 다양한 有·無를 통해 평면형태에서 차이점이 명확하다.

---

5) 金周洪·玄南周, 「高麗~朝鮮時代 江華島의 烽燧·瞭望」, 『江華外城 地表調査報告書』, 韓國文化財保護財團, 2007.
6) 順天大學校博物館, 『高興郡의 護國遺蹟Ⅱ-烽燧-』, 2002.
7) 김주홍 외, 「蔚山地域의 烽燧」, 『울산관방유적(봉수)』, 울산문화재 보존연구회, 2003, pp.27~60.

넷째, 5개소의 봉수가 소재하는 江原 三陟地域8)의 경우 유지가 멸실된 草谷山烽燧를 제외하면 築造材料에 따라 石築(廣津山·陽野山·可谷山), 土+石混築(臨院山) 등으로 구분되며, 防護壁(臨院山)·壕(廣津山)·석축의 假家(臨院山) 등이 있는 봉수와 나머지 없는 봉수 등 부속시설의 有·無와 평면형태에서 方形(陽野山)·圓形(廣津山·臨院山·可谷山) 등 차이점이 명확하다.

또한 입지적으로도 이러한 연변봉수는 주로 경상지역 소재의 봉수로서 해안 연변지역이나 연대가 없이 타원형의 방호벽 내에 연조를 갖춘 채 내지봉수의 구조·형태를 띠고 있는 고성 天王岾·曲山烽燧, 연대 없이 타원형의 방호벽 상부에 연조를 설치하고 주위 호의 흔적이 확인되는 포항 磊城烽燧, 연대 없이 타원형의 방호벽만 갖추고 있어 봉수로서의 기능이 의심되는 거제 知世浦·菱浦烽燧, 연대 없이 방형의 방호벽과 주위 연조의 흔적이 확인되는 통영 閑背串烽燧, 입지적으로 해안과 멀리 떨어져 해발고도가 높은 내지지역임에도 연변봉수의 구조·형태를 띠고 있는 함안 巴山·安谷山烽燧, 영덕 廣山烽燧 등 봉수의 정확한 성격을 단정하기 곤란한 경우도 있다.

그러므로 본고는 현재 국내에 다수 잔존하고 있는 봉수 중 연변봉수에 국한하여 이를 구조·형태 면에서 煙臺 외에 防護壁·壕·煙竈 등 각 부속시설의 유무에 따라 형식분류를 시도한 글이다. 참고로 본고는 어디까지나 試案에 불과하므로 향후의 추가조사를 통해 可變性이 있음을 미리 밝혀둔다.

---

8) 김도현, 「삼척의 烽燧와 관련 民間信仰」, 『江原史學』19·20合輯, 江原大學校 史學會, 2004, pp.123~162.; 김도현, 「삼척지역의 烽燧 연구」, 『博物館誌』第11號, 江原大學校 中央博物館, 2004, pp.29~93.

Ⅱ   沿邊烽燧의 形式

1. 煙臺形

沿邊烽燧는 봉수군의 근무여건이 고되고 상대적으로 위험이 컸으므로 규모뿐만 아니라 구조의 다양성을 복합적으로 갖추고 있다. 또한 거화 및 운영유지 외에 자체방호에 필요한 각종 시설·장비·물품을 갖추고 있었다. 이 중 煙臺는 동·남·서해안 지역 소재의 연변봉수에서 항시적으로 1擧 또는 비상시 擧火를 위해 축조한 높이 3m 내외의 토축, 석축 또는 토+석 혼축의 인공적인 시설물을 말한다. 이러한 연대의 평면형태는 원형, 방형 또는 방형이되 4면의 각을 죽인 말각방형 등으로 구분된다.

아울러 연대 상부 중앙에는 공통적으로 연변봉수에서만 특징적으로 볼 수 있는 원형 혹은 방형과 외방내원 복합형의 燃燒室이 마련되어 있다. 그러나 봉수제 폐지 후 여수 突山島烽燧, 부산 南山烽燧[9] 삼척 臨院山烽燧에서 확인되듯이 연소실을 매몰하여 지적측량의 기준이 되는 삼각점을 설치하거나 또는 인위적인 매몰 등으로 확인할 수 없는 경우가 다수 있다.

또한 연대의 평면형태가 원형인 경우에는 봉수군이 높이 3m 내외의 연대 상부 연소실에서의 거화 혹은 望을 위해 螺旋形 오름시설을 특징적

---

9) 釜山大學校博物館 외, 『釜山光域市 機張郡 文化遺蹟 地表調査報告書』, 1998, p.139.

으로 설치한 경우도 있다. 이 외에도 연대 상부나 측면 혹은 방호벽 사이
와 건물지 등에는 방호용 투석도구인 水磨石[10]이 산재하여 현재도 지표
나 시굴·발굴조사 등을 통해 다수 채집되고 있다. 이러한 수마석은 연
변봉수뿐만 아니라 진주 廣濟山烽燧와 같이 內地烽燧에서도 최근 정
비·복원을 위한 시굴조사를 통해 총 7점이 채집되어 보고된 바 있다.[11]

사진 Ⅱ-1. 통영 사량진주봉봉수 연대

---

10) 강원·경상·전라·충남 등 동·남·서해 연안지역의 각 연변봉수마다
   비치하였던 방호용 투석 도구로서 지역에 따라 달리 몽돌·역석·석환 등
   으로 지칭되고 있다. 비단 烽燧뿐만 아니라 山城조사를 통해서도 다수 보
   고되고 있다. 이와 관련하여서는 다음의 논고가 유일하며 또한, 성남 천림
   산봉수 건물지의 발굴조사보고서를 통해 전반적으로 다룬 바 있다.
   金周洪 외,「慶尙地域의 烽燧(Ⅱ)-備置物目을 中心으로-」,『實學思想
   研究』23輯, 毋岳實學會, 2002, pp.39~80.; 한국토지공사 토지박물관,『성
   남 천림산봉수 건물지 발굴조사보고서』(학술조사총서 제19집), 2003.
11) 慶南發展研究院 歷史文化센터,『晋州 廣濟山烽燧 試掘調査報告書』(調査
   研究報告書 第7册), 2003, p.32.

필자가 제시한 연변봉수 열한 가지 형식분류안 중 거화기능만이 강
조된 단순한 형태로서 방호력이 취약한 약점을 갖고 있다. 그러나 한
편으로는 실제 외적의 침입과 같은 비상시 4거 혹은 5거의 거화를 어
떻게 하였는가가 의문으로 남는다.

연대형의 봉수는 구조의 단순과 축조의 용이성 때문인 듯 시기적 차
이를 두지 않고 봉수제가 운영되던 全 시기에 걸쳐 축조되었다. 이러
한 형태의 봉수는 지역별로 삼척 可谷山烽燧, 고양 醢浦烽燧, 인천 白
雲山烽燧, 강화 華盖山烽燧·魚遊井瞭望臺, 보령 阻侵山·元山島·外
煙島烽燧, 부산 南山·天城堡烽燧, 울산 下山·加里烽燧, 통영 牛山·
蛇梁鎭主峯烽燧, 남해 望雲山烽燧, 고성 佐耳山烽燧, 마산 城隍堂烽燧,
함안 安谷山烽燧, 울진 表山·沙銅山·竹變串烽燧, 진안 太平烽燧, 여
수 突山島烽燧, 고흥 楡朱山·沙火郎烽燧, 장흥 天冠山·億佛山烽燧,
진도 僉察山烽燧, 부안 月古里烽燧, 해남 達麻山烽燧 등 다수가 있다.

사진Ⅱ-2. 함안 안곡산봉수 연대

2. 煙臺+煙竈形

연대+연조형은 연변봉수의 연대와는 별개로 대응봉수와의 신호전달이 용이한 곳에 4개소 내지 5개소 혹은 그 이상의 토축, 석축 혹은 토+석 혼축의 圓形 혹은 外方內圓形의 연조가 마련돼 있는 경우이다. 따라서 비상시 횃불이나 연기를 올리기 위한 거화기능이 매우 잘 발달된 형태의 봉수이나, 최소한의 방호시설이 전혀 마련되어 있지 않아 방호력이 취약하다는 약점이 있다.

연조는 불을 피우기 위해 마련한 시설로서 달리 아궁이·烽竈·煙窟로 통용되고 있다. 연조의 위치는 연대에서 일정거리를 두고 일직선으로 배치되어 있는 것이 일반적이다. 그러나 남해 臺防山烽燧의 연조처럼 연대 주위 반구형으로 배치되어 있거나, 남해 雪屹山烽燧의 연조처럼 무질서하게 배치되어 있는 경우도 있다. 각 연조의 평균거리는 봉수가 위치한 지형여건에 따라 4~7m, 9~10m, 14~16m에 이르고 있다. 특히 이러한 형태의 봉수는 장축이 단축에 비해 5~6배에 달하는 세장한 모습을 보이는 특이한 구조로서 화성·시흥 등의 서해안 지역과 경남 남해안의 일부 특정 연변봉수에서 확인되고 있다. 평면형태 면에서 달리 細長方形으로도 분류되고 있다.

이러한 형태의 봉수는 지역별로 강화 河陰山·望山·鎭江山烽燧[12] 화성 興天山·念佛山烽燧, 始興 正往山烽燧, 평택 塊台串烽燧, 거제 江望山烽燧, 남해 雪屹山烽燧, 신안 大鳳山烽燧 등이 있다.

---

12) 연대+연조형의 대표적인 봉수로서 소개한 강화지역 3개소 봉수의 자세한 조사결과는 다음의 논고에 소개된 바 있다.
金周洪, 「仁川地域의 烽燧(Ⅰ)」, 『仁川文化硏究』創刊號, 2003, pp.130~192.; 金周洪·玄南周, 「高麗~朝鮮時代 江華島의 烽燧·瞭望」, 『江華外城 地表調査報告書』, 韓國文化財保護財團, 2007.

사진 II-3. 거제 강망산봉수 항공사진(동아세아문화재연구원)

사진 II-4. 남해 설흘산봉수(최진연)

3. 煙臺+壕形

연대+호형은 연변봉수 연대 주위를 단면 U자형으로 파서 평면 원형으로 토축 혹은 토+석 혼축의 호가 둘러져 있는 경우이다. 호의 내·외면에는 石築으로 보강하기도 하였다. 따라서 거화기능의 연대와 최소한의 방호시설인 호를 갖추고 있는 경우이다. 분포상 경북 포항·경주 등의 동해안, 전남 고흥 등의 남해안, 충남 서산·보령 등의 서해안 특정지역에서 확인할 수 있다.

이러한 형태의 전형적인 봉수는 울산 川內烽燧 및 煙臺+煙竈+壕形의 경주 下西知烽燧로서 내호와 외호를 잘 갖추고 있는 대형 봉수이다.[13] 또한 煙臺+壕+防護壁形의 울산 爾吉烽燧[14]와 부산 阿爾烽燧의 경우 남쪽을 제외한 3면에 호가 둘러져 있는 경우이다.[15] 이상 소개한 4예 외에도 동해 於達山烽燧는 발굴조사를 통해 방형의 석축 연대 주위로 원형의 방호용 호가 확인된 바 있다.[16] 이 외에 삼척 廣津山烽燧의 경우에도 최근 답사를 통해 석축의 원형 연대 서쪽에 半球形의 토축 호를 확인할 수 있었는데, 외형상 토축이나 외측은 석재로 보강하였고 내측은 토축인 차이점이 있다.

이 외에도 서산 主山烽燧는 최근 발굴조사를 통해 비록 연대는 멸실되었지만 주위 원형의 호가 확인된 것을 통해 호 내에 원형의 연대가 있었던 것으로 추정된다. 이와 유사한 경우는 무안 甕山烽燧가 있다.

---

13) 김주홍 외, 「울산지역의 봉수」, 『울산관방유적(봉수)』, 울산문화재보존연구회, 2003, p.43.; 울산과학대학 건설환경연구소, 『蔚山 川內烽燧臺 學術調査報告書』, 2004.
14) 김주홍 외, 『한국의 봉수』, 눈빛, 2003, pp.166~168.
15) 釜山大學校博物館 외, 『釜山光域市 機張郡 文化遺蹟 地表調査 報告書』, 1998, pp.147~148.
16) 江陵大學校博物館, 『東海 於達山 烽燧臺』(學術叢書 33冊), 2001.

사진 Ⅱ-5. 서산 주산봉수 항공사진(충청문화재연구원)

　도면1은 연대+호형의 봉수에 대한 추정도이다. 울산지역에 소재하는 川內烽燧를 모티브로 하여 煙臺에는 성종 6년(1475) 왕이 병조에 내린 전교를 통해 의무화된 煙筒시설과 주위 壕시설 및 호를 건너 연대에 접근이 용이토록 石橋 혹은 土橋와 주위 무수히 많은 木柵을 설치했을 것이라는 가정하에 작성된 것이다. 아울러 봉수 못 미쳐 봉수군 주거지의 복원도를 제시하여 보았는데 전통적인 서민가옥의 한 형태로 토담벽에 초가를 이어 엮어 지붕을 해놓았다.

　이러한 형태의 봉수는 지역별로 고성 戍山烽燧, 동해 於達山烽燧, 삼척 廣津山烽燧, 서산 主山烽燧, 부산 林郞浦烽燧, 울산 川內烽燧, 남해 錦山烽燧, 포항 桃李山·大串烽燧, 고흥 帳機山·多古頭·加禾烽燧, 무안 瓮山烽燧, 제주 兎山烽燧 등이 있다.

사진 Ⅱ-6. 무안 옹산봉수

도면 Ⅱ-1. 연변봉수 추정도(연대+호형. 이철영 작성)

4. 煙臺+防護壁形

연대+방호벽형은 연변봉수 연대 주위를 원형 혹은 부정형으로 토축, 석축 또는 토+석혼축의 방호벽이 둘러져 있는 경우이다. 앞의 煙臺+壕形과 마찬가지로 거화기능의 연대와 최소한의 방호시설인 방호벽을 갖추고 있는 경우로서 앞의 연대+호형보다는 좀 더 항구력이 있는 형태이다.

방호벽은 防火墻·防火壁 혹은 防火石築이라고도 하며 봉수대에 근무하는 봉수군이 나쁜 짐승으로부터 피해 입는 것을 방지하거나 혹은 항시 불[火]을 다루므로 거화 시 실수로 불이 산 아래로 번지는 것을 방지하기 위한 방어·방화용 시설물이다. 방호벽 내에는 항시 거화나 대응봉수에 연락을 하기위한 재료·비품 외에 봉수군의 신변보호를 위한 방호비품 및 이러한 각종 비품을 보관하기 위한 소규모 창고시설을 갖추고 있었다.

사진 II-7. 여수 만흥동 봉화산봉수(복원)

사진 Ⅱ-8.
고흥 마북산봉수

　이러한 형태의 봉수는 지역별로 삼척 臨院山烽燧, 인천 柚串烽燧,
보령 鹿島烽燧, 부산 石城·阿爾烽燧, 울산 柳浦烽燧, 울진 竹津山烽
燧, 포항 烏峰烽燧, 영덕 廣山·別畔山烽燧, 고흥 馬北山·天燈山·加
乃浦烽燧, 여수 만흥동 烽火山烽燧, 부안 界火里烽燧 등이 있다.
　이 중 인천 축곶봉수는 방형으로 추정되는 연대와 연대 상부에 잔존
하는 방형 연소실 외에 연대를 에워싸고 있는 방호벽이 土+石 혼축으로
남쪽 방호벽의 경우 민묘 수기가 안장되면서 봉분 후미를 방호벽 석축
에 덧대어 일부를 훼손하면서 전체적인 형태가 橢圓形을 하고 있다.[17]
　보령 녹도봉수는 동서 7.6m, 남북 9.6m, 높이 1.8m, 둘레 27m가량
의 원형 석축의 연대 밖으로 3~4m가량 떨어져 타원형의 방호벽이
둘러져 있는데, 앞서 설명한 바와 같이 연대 상부에는 수마석이 다량
산재하고 있다.[18]

---

17) 인하대학교 박물관, 『仁川 柚串烽燧 정밀지표조사보고서』(조사보고 제41
　　책), 2004, pp.30~42.
18) 黃義虎·申載完·黃義千, 「보령 지역의 봉수대 연구」, 『제19회 전국향토
　　문화연구발표회수상논문집』, 전국문화원연합회, 2004, p.577.

5. 煙臺+壕+防護壁形

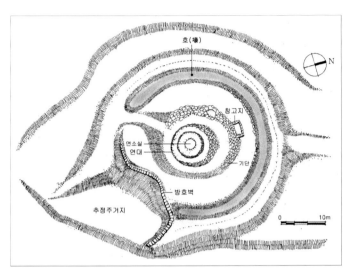

도면Ⅱ-2. 울산 이길봉수 평면도(연대+호+방호벽형. 이철영 작성)

연대+호+방호벽형은 연변봉수 연대 주위를 호와 방호벽이 둘러져 있는 경우 외에 방호벽이 연대에 덧대어 좌우로 길게 시설한 경우이다. 거화기능의 연대 외에 호·방호벽 등의 방호시설이 이상적으로 잘 갖추어진 경우이다.

이러한 형태의 봉수는 사례가 많지 않으며 울산 爾吉烽燧, 부산 阿爾烽燧가 대표적이다. 前者는 봉수노선과 성격상 제2거 간봉(1)노선의 연변봉수이다. 말각방형의 석축연대와 연대 상부 중앙에 원형의 연소실이 잘 남아 있으며, 연대 주위에는 남쪽을 제외한 3면에 폭 350cm 가량의 방어용 호 시설이 있다. 연대에 덧대어 남쪽으로 길게 동-서 좌우로 시설한 방호벽의 형태가 특이하다.[19]

---

19) 김주홍 외, 『한국의 봉수』, 눈빛, 2003, pp.166~168.

後者는 봉수노선과 성격상 제2거 간봉(1)노선의 연변봉수이다. 전체적인 평면형태는 원형으로 중앙의 연대와 일정한 거리를 두고 약 30m가량인의 환상의 방호벽과 외곽으로는 호가 둘러싸고 있다.

이 외에도 방호벽을 연대에 덧대어 시설한 연변봉수의 사례로는 비록 형태가 다르지만 煙臺+煙竈+防護壁形의 남해 臺防山烽燧와 진도 上堂串烽燧 및 煙臺+防護壁形의 여수 만흥동 烽火山烽燧 등이 있다.

따라서 시설 면에서 규모가 크고 봉수에서 근무하는 봉수군의 신변 안전을 도모할 수 있는 연변봉수의 한 유형이다.

6. 煙臺+煙竈+壕形

연대+연조+호형의 봉수는 연변봉수 연대 주위에 호를 두르고 석축의 원형 연대 중간부에 연조를 시설한 경우이다. 이러한 형태의 봉수는 연대 주위 호를 시설한 까닭에 평면 원형이며 규모가 대형이다. 거화기능의 연대·연조 외에 방호시설인 호가 잘 갖추어진 경우이다. 또한 부속시설로서 호를 지나 연대에 접근하기 위한 일종의 통로시설인 土橋 혹은 石橋를 설치하기도 하였다.

이러한 형태의 봉수는 사례가 많지 않으며 경주 下西知烽燧가 대표적인데 土橋 2개소가 마련돼 있다.

도면3은 위의 설명과 다소 다를 수 있으나 연대+연조+호형의 봉수에 대한 추정도이다. 울산지역 8개소의 봉수 중 爾吉烽燧를 모티브로 하여 연변봉수의 여러 유형에서 특정 부분을 차용한 것이다. 煙臺에는 성종 6년(1475) 왕이 병조에 내린 전교를 통해 의무화된 煙筒시설과 주위 壕시설 및 호를 건너 연대에 접근이 용이토록 石橋 혹은 土橋와 주위 무수히 많은 木杙을 설치했을 것이라는 가정하에 작성된 것이다.

아울러 연대 주위
에는 5개소의 연조
를 반구형으로 배
치했다. 또한 연대
와 인접하여 봉수
군 주거지의 복원
도를 제시하여 보
았는데 전통적인 서
민가옥의 한 형태
로 토담벽에 초가
를 이어 엮어 지붕
을 해놓았다.

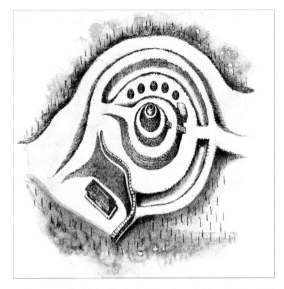

도면 Ⅱ-3. 연변봉수 추정도(연대+연조+호형. 이철영 작성)

7. 煙臺+煙竈+防護壁形

연대+연조+방호벽형의 봉수는 연변봉수 연대 주위에 방호벽을 두
르고 방호벽 내 혹은 바깥으로 연조를 시설한 경우이다. 이러한 형태
의 봉수는 전체적인 평면형태가 부정형인 경우가 많으며 규모가 대형
이다. 거화기능의 연대·연조 외에 방호시설인 방호벽이 잘 갖추어진
경우이다.

이러한 형태의 봉수는 사례가 많지 않으나 시기적으로는 고려시대
부터 조선 후기에 이르기까지 폭넓게 확인되며 그 형태는 지형적 여
건에 기인한 듯 연조의 배치형태에서 차이가 있다. 지역별로 영덕 大
所山烽燧, 남해 臺防山烽燧, 거제 臥縣烽燧, 함안 巴山烽燧, 진도 上堂
串烽燧 등이다.

사진 Ⅱ-9. 진도 상당곶봉수

　이 중 첫째, 영덕 대소산봉수는 최근까지도 원형의 석축 연대와 주위 방호벽 및 5개소의 연조가 잘 남아 있었던 봉수이나, 조사 후 사실과 다르게 정비·복원되어 원래의 모습을 알 수 없게 된 경우이다. 둘째, 남해 대방산봉수는 말각방형의 석축연대와 북쪽과 동쪽의 연대 하단부 주위의 공지에 5개소의 토+석 혼축 연조를 반구형태로 일정한 간격으로 배치하였다. 남쪽으로 나 있는 방호벽의 형태가 울산 이길봉수와 동일한 특이한 형태를 하고 있다.[20] 셋째, 진도 상당곶봉수는 초축시기가 조선 후기로서 가파른 절벽의 암반 북쪽에 말각방형의 석축 연대 1기와 남쪽으로 이등변삼각형 모양의 방호벽 내에 석축 연조 4기가 시설되어 있다.[21]

---

20) 前揭書, pp.178~181.
21) 김주홍, 「지역별 봉수의 현황」, 『한국의 봉수』, 눈빛, 2003, pp.209~212.

사진Ⅱ-10. 남해 대방산봉수

8. 煙臺+煙竈+壕+防護壁形

연대+연조+호+방호벽형은 거화기능의 연대·연조와 방호기능의
호·방호벽이 이상적으로 갖추어진 경우이다.

이러한 형태의 봉수는 현재까지 필자의 조사결과로서는 마산 加乙
浦烽燧가 유일하다. 연대와 방호벽은 과거 복원으로 인해 원형이 상실
되었으나, 주위 호와 4개소의 토+석혼축 연조가 잘 남아 있는 전형적
인 고려 봉수의 형태이다. 시설배치상 연대와 호 주위를 방호벽이 둘
러싸고 있으며 연조는 방호벽 바깥에 남-북 1열로 해안 쪽을 향하여
설치되어 있다. 축조상 토·석 혼축으로 직경이 1.5~2.8m이며 지표에
서 0.7~1.3m의 높이로 남아 있다. 각 연조 간 거리는 평균 4m이다.

煙臺+煙竈形의 고려시대 봉수인 강화 鎭江山烽燧, 화성 興天山·念
佛山烽燧 연조와의 비교 검토를 통해 고려시대 봉수의 거화구조를 이
해하는 데 좋은 자료이다.

사진 II-11. 마산 가을포봉수(복원)

9. 防護壁形

방호벽형은 봉수의 입지상 해안과 인접한 연변지역이나, 연변봉수 그 자체를 의미하며 연변봉수의 상징인 煙臺가 없이 단순히 원형에 가까운 석축의 방호벽과 내지봉수의 특징적인 계단식 형태의 출입시설을 갖추고 있는 경우이다. 따라서 방호기능은 잘 갖추어진 봉수이나 비상시 횃불이나 연기를 올리기 위한 거화기능이 매우 취약하다는 약점이 있어 봉수 자체로서 의문을 갖는 형태이다. 언뜻 건물지 혹은 창고지로 추정되기도 한다.

이러한 형태의 봉수는 거제 菱浦·知世浦烽燧 등 남해안 지역의 일부 특정 봉수에서 확인되며 시기적으로도 늦을 뿐만 아니라 문헌기록에도 나타나 있지 않은 경우가 많다. 향후 좀 더 많은 사례조사를 통해 비교검토가 필요한 상태이다.

사진 II-12. 거제 능포봉수(복원)

사진 II-13. 거제 지세포봉수

10. 防護壁+煙竈形

방호벽+연조형은 봉수의 입지상 해안과 인접한 연변지역이나, 연변
봉수 그 자체를 의미하며 연변봉수의 상징인 煙臺 없이 타원형 혹은
방형의 석축 방호벽과 거화기능의 연조 외에 내지봉수의 특징적인 계
단식 형태의 출입시설을 갖추고 있는 경우이다.

사진 Ⅱ-14. 고성 천왕점봉수 항공사진(경남고고학연구소)

이러한 형태의 봉수는 고성 曲山·天王岾烽燧, 통영 閑背串烽燧 등 남해안 지역의 일부 특정 봉수에서 확인되고 있다. 이 중 고성 곡산·천왕점봉수는 최근 발굴조사가 이루어지기 전까지만 해도 방호벽

사진 Ⅱ-15. 고성 천왕점봉수 연조

만 확인할 수 있었는데 조사를 통해 연조가 확인되어 보고된 바 있다.

고성 곡산·천왕점봉수의 경우는 해안지역에 위치한다는 입지여건을 배제하면 구조·형태상 내지봉수이다. 필자가 오랜 고민 끝에 이를 연변봉수로 성격 짓는 것은 첫째, 이들 봉수가 속한 제2거 간봉(2)노선의 봉수가 거제 加羅山烽燧에서 초기하여 彌勒山→牛山→天王岾

→曲山→加乙浦烽燧 등으로 전달되는 전후 노선의 봉수가 모두 연변 봉수라는 점이다. 둘째, 경남지역뿐만 아니라 고흥을 중심으로 한 전남 남해안 지역에서도 이와 유사한 구조·형태의 봉수가 많아 이를 모두 내지봉수로 단정할 수 없다는 점이다.

한편, 이 형태의 봉수는 대부분의 內地烽燧에도 적용될 수 있는 유형이다. 이와 유사한 형태의 내지봉수는 대표적으로 제2거 직봉노선의 울산 夫老山烽燧·제천 吾峴烽燧, 제2거 간봉노선의 의령 彌陀山烽燧, 제3거 직봉노선의 고양 禿山烽燧 등인데, 입지여건을 배제한다면 구조·형태적으로 너무도 흡사하다.

사진Ⅱ-16. 통영 한배곶봉수   사진Ⅱ-17. 통영 한배곶봉수 연조

11. 防護壁+煙竈+壕形

방호벽+연조+호형은 봉수의 입지상 해안과 인접한 연변지역으로서 연변봉수의 방호시설인 호와 봉수구조·형태상 내지봉수의 타원형 방호벽과 거화시설인 연조 외에 부속시설인 계단식 형태의 출입

시설을 동시에 갖추고 있는
경우이다.

이러한 형태의 봉수는 현
재까지 필자의 조사결과로서
는 포항 磊城烽燧가 유일하
다. 잔존유지의 조사를 통해
초축 시 호를 갖춘 연변봉수
였으나 후에 내지스타일로
방호벽과 연조를 갖추었던
것으로 보인다. 이는 방호벽
이 호를 치고 나가면서 구축
된 데서 확인되며 시기차를
두고 개축이 있었던 것으로
추측된다.

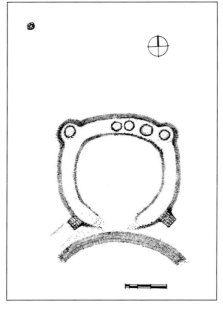

도면 Ⅱ-4. 포항 뇌성봉수 평면도(이철영 작성)

아울러 이 봉수의 가장 큰 특징은 연조가 폭 3m가량의 북쪽 방호
벽 상부 담장지에 동-서로 배치되어 있는데, 그런 만큼 연조가 위치
한 북쪽 방호벽 상부 담장지의 경우 폭 3m가량으로 넓은 편이다. 아
직까지 타 지역 봉수에서는 확인되지 않은 유일한 예이다.

아울러 북쪽 방호벽 외곽으로는 잔존 상태가 양호한 석축의 우물지
1개소와, 동-서로는 계단식 형태의 석축 출입시설이 각각 1개소씩 시
설되어 있다.

Ⅲ 結 論

　지금까지 국내에 소재하는 다수의 봉수 중 沿邊烽燧에 국한하여 열한 가지 형태로 형식분류를 시도하였고 각 유형별로 대표적인 봉수를 지역별로 소개하였다. 이를 통해 어느 정도는 각 유형에 속한 봉수의 초축시기를 따져 시대별 축조유형과 지역별 비교검토가 용이할 것으로 여긴다. 또한 그동안 일반인들이 막연하게 인식되어 왔던 연변봉수의 실체와 그 다양성을 이해하는 계기가 되었다고 여겨진다.

　본고의 집필목적은 과거에 필자가 동일 제목으로 기 발표하였던 논문의 오류를 바로잡고 그동안의 조사성과를 반영하여 연변봉수의 좀 더 세분화된 실체적 접근을 시도하는 데 있다. 처음 발표되었던 필자의 초고는 이후 신진 연구자들에 의해 문제점을 지적받으면서 그들 나름대로의 형식분류안이 제시되었다. 그러나 연구자 각 개인들마다 엄연히 연구의 범위와 방법이 다른 만큼 존중하면서 필자 나름대로의 기준을 갖고 연변봉수의 형식분류를 진행시켜 나갔다.

　본고는 초고와 마찬가지로 연변봉수 그 자체를 의미하는 煙臺와 거화를 위한 보조시설인 煙竈 및 壕·防護壁과 같은 방호시설의 유기적 배치형태에 따라 분류를 시도하였다. 이를 통해 어떤 특정 형식에는 다수의 봉수가 속하는 반면 단 한 개소의 봉수만이 속하는 형식도 있음을 본고를 통해 살펴보았다. 따라서 향후 조사되는 봉수는 필자가 본문에서 제시한 열한 가지 유형의 범주에 속하거나 아니면 새로운 형식분류를 시도할 수 있다고 본다.

본고에서는 그동안 필자 논고의 주된 문제점으로 지적받아온 建物址와 같은 봉수군의 근무 및 생활과 밀접한 관련이 있는 부속시설은 논외로 하고 오로지 봉수의 구조·형태만을 갖고 정리하였다. 건물지가 위치상 봉수 내 혹은 밖에 있거나 아예 없는 경우는 또한 이에 따라서 시대별·유형별로 새로운 형식분류가 가능할 것이다. 아직 이까지는 필자의 능력과 여력이 미치지 못하는 바여서 차후로 미루거나 신진 연구자의 등장을 고대한다.

이상으로 본고는 비록 단편적이나마 지금까지 제도사적인 면에서만 머물러 왔던 봉수를 연변봉수에 국한하여 열한 가지 형식으로 분류를 시도하여 보았다. 향후 국내에 잔존하고 있는 전체 봉수의 현장조사가 지역별로 마무리되고 다른 새로운 자료의 보완이 이루어진다면 본고는 즉시 수정돼야 할 것이다. 당분간 문제점에 대한 비판을 하지 않고 이설이 있는 연변봉수의 구조·형태에 대한 연구의 발판을 마련하였다는 데 작은 의미를 두고자 한다.

제2부

한국 연변봉수의 지역별 현황

I 인천 · 경기도

인천·경기지역은 고려조의 수도 개성과 한강·임진강·서해의 해안을 끼고 김포·파주·강화 등의 지역이 지리적으로 인접하고 있다. 이들 해안지역에 분포하는 봉수는 고려시대(高麗時代)부터 설치되어 운영됐던 봉수이다. 또한 인천시 강화군 강화읍 관청리 강화내성 내 해발 120m의 북산(北山)에 위치하는 송악봉수(松岳烽燧)도 몽고의 침입을 피해 강화로 천도한 고려왕실에 의해 설치되어 개성으로 천도하기까지 경봉수로서의 기능을 수행하였을 것이다.

사진 I-1. 개성 송악산

　이후 조선 초(朝鮮初) 세종대(世宗代)에 5거(炬)로 정비된 각 노선별 연변(沿邊)·내지봉수(內地烽燧)의 직봉(直烽)·간봉(間烽)은 경봉수(京烽燧)인 목멱산봉수(木覓山烽燧)에 최종 도달하기 전 반드시 현 경기지역의 봉수를 경유하도록 되어 있었다. 이러한 지역적 특수성으로 경기지역에는 제1거에서 제5거 노선의 전 봉수가 분포하며 구조·형태적으로도 지역별로 다양한 특징이 있다.

　이 중 인천광역시 소재 강화군의 경우 지지서 및 고지도에 소개되어 있는 17개소의 봉수를 통해 중앙으로 연결되는 노선의 봉수 외에 해당 지역에서 자체적으로 운영하였던 봉수의 존재를 확인할 수 있다. 아울러 봉수노선상 강화군의 봉수는 대부분 제5거 직봉 혹은 제5거 간봉(3)노선에 속해 있다. 그러나 강화군 교동면 교동도 내 서한리의 해발 100m가량인 수정산 정상에 위치하는 수정산봉수(修井山烽燧)의 경우 강화도의 다른 봉수와는 달리 유일하게 제4거 간봉(3)노선의 봉수이다. 이를 통해 강화군은 동일지역임에도 제4거와 5거의 2개 노선이 경유하였던 지역임을 확인할 수 있다.

● 직 봉

1. 평택 괴태곶봉수

사진 I -2. 평택 괴태곶봉수 내부모습

괴태곶봉수(塊台串烽燧)는 경기도 평택시 포승면 원정리 봉화재의 해발 83m인 나지막한 구릉 정상에 위치하고 있다. 봉수가 위치하는 곳은 해군기지 내로서 평택시 향토유적 제1호로 지정되어 있다. 초축시기는 고려시대이며, 조선시대 제5거 직봉 노선과 제5거 간봉(2) 노선의 봉수가 합쳐지는 결절점에 위치하고 있다. 달리 괴태길곶봉수(槐苔吉串烽燧)로도 호칭되고 있다.

입지상 남쪽으로 아산만과 북쪽으로 남양만을 조망하는 최일선 연변봉수로서 조선 초기 남쪽의 면천 명해산봉수(明海山烽燧)에서 신호를 받아 북쪽으로 화성시 우정면 화산리의 홍천산봉수(興天山烽燧)에 응하였다. 중기에는 제5거 간봉(2)노선의 면천 창택곶봉수(倉宅串烽燧)와 직봉인 직산 망해산봉수(望海山烽燧)가 이곳에서 합쳐져 다시 화성 홍천산봉수에 응하는 중요한 위치에 있었다.

평면형태는 동-서 장축의 세장방형으로서 토축인 하단대지와 석축인 상단대지를 갖춘 이단식 구조로 되어 있다. 따라서 단면형태가 긴 '凸'모양을 하고 있는 경기지역 내 최대 규모의 봉수이다. 연조는 상단대지에 석축 원형의 형태로 잔존하는데 지름 3.5m, 높이 0.3m 크기이다. 봉수의 규모는 하단대지 둘레 239m, 동서길이 89m, 남북길이 30.5m, 높이 3~3.5m 정도이다. 상단대지는 둘레 138m, 동서길이 63m, 남북길이 12m, 높이 1.5~1.8m 정도이다. 봉수의 형식분류상 연대+연조형에 속한다.

사진 I-3. 평택 괴태곶봉수 연조

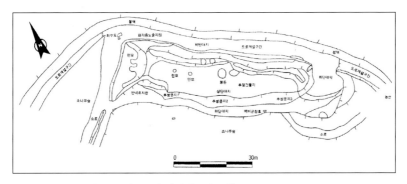

도면 I-1. 평택 괴태곶봉수 평면도(경기도박물관)

형태 면에서 이와 유사한 봉수는 화성 염불산(念佛山)·흥천산봉수
(興天山烽燧) 및 시흥 정왕산봉수(正往山烽燧) 등이 있다. 장축이 단
축에 비해 5~6배에 달하는 세장한 모습을 보이는 서해안 화성지역
봉수의 특징을 보여주고 있다.

* 창택곶봉수(倉宅串烽燧): 충남 당진군 송산면 삼월리의 해발 104m인 창택
  산 정상에 소재하며 조선시대 제5거 간봉노선의 연변봉수로서 현재 원형과
  다르게 복원돼 있다.
* 망해산봉수(望海山烽燧): 경기도 평택시 팽성읍 신대2리 영창마을 내의 레
  이더 기지가 설치되어 있는 해발 약 70m가량의 나지막한 봉우리가 봉수가
  있는 곳으로 추정되며, 유지는 확인할 수 없다.
* 염불산봉수(念佛山烽燧): 경기도 화성시 서신면 상안리 봉화산(170.2m)
  정상에 소재하는 제5거 직봉노선의 연변봉수이다.
* 정왕산봉수(正往山烽燧): 경기도 시흥시 정왕동 봉우재마을의 해발 115m
  인 정왕산 정상에 소재하였던 제5거 직봉노선의 연변봉수이다. 과거 시화
  공단조성에 필요한 매립용 토취를 위해 산을 삭평함으로써 유지는 완전히
  멸실되었다.

2. 화성 흥천산봉수

흥천산봉수(興天山烽燧)는 경기도 화성시 우정면 화산리와 장안면
사곡리 경계의 해발 61.3m인 봉화산(峰火山) 정상에 위치하고 있다. 주
위 일대는 해발고도 60m 내외의 저평한 지대이나, 서남쪽의 남양만(南
陽灣)을 조망하기에 용이하며 이 일대에서 전망이 제일 좋은 곳이다.
초축시기는 고려시대이며, 봉수노선과 성격상 제5거 직봉노선의 연
변봉수이다. 남쪽의 평택 괴태곶봉수(塊台串烽燧)에서 신호를 받아 서
쪽으로 화성 염불산봉수(念佛山烽燧)에 응하였다.

봉수의 형식분류상 봉화산 정상부의 남-북 방향으로 길게 뻗은 능선상에 1개소의 연대와 5개소의 연조가 잘 남아 있는 연대+연조형에 속한다. 평면형태에 있어서 장축이 단축에 비해 5~6배에 달하는 세장한 형태이며, 서해안지역 소재 연변봉수의 한 특징을 잘 보여주고 있다. 가장 남쪽에 위치한 연대는 상부가 삭평되어 'ㄇ'형태를 띠고 있는데 축조형태상 토·석 혼축의 방형이다.

한편 북쪽으로 가면서 능선상에는 흙으로 축조하여 원형봉분 혹은 토만두를 연상하는 5개소의 크고 작은 원형 연조가 일정한 거리를 두고 지표면에 'ㅁ'형태로 남아 있다. 지형은 남쪽에서 북쪽으로 점차 낮아지다가 제5연조부터 다시 높아지고 있다. 각 연조의 크기는 직경이 동-서 2.7~5.9m, 남-북 3.2~5.6m, 높이 0.7~1.4m가량이다. 각 연조 간 거리는 11m(연대~1연조), 8.5m(1~2연조), 12.3m(2~3연조), 17m(3~4연조), 29.5m(4~5연조)이다.

연대에서 4연조까지는 능선상에 일정한 거리를 유지하며 수평을 유지하고 있으나, 제5연조만이 유독 높은 데 위치하고 있다. 3연조와 4연조의 사이에는 민묘(民墓)가 조성되어 있으며, 4·5연조는 대오에서 약간 이탈하여 있다. 또한 능선을 따라 소규모의 연조시설을 하였기 때문에 별다른 출입시설은 하지 않은 것으로 보이나, 제5연조가 위치하는 곳에는 동·서쪽 좌·우로 단이 떨어지는 중에 폭 120cm의 자연적인 출입시설이 있다.

지형상 봉화산의 남-북 방향으로 길게 뻗은 능선상에 1개소의 연대와 5개소의 연조를 설치하였기에 방호벽이나 호 등의 별도 방호시설은 설치되어 있지 않다. 이를 통해 거화기능이 강조된 봉수로 볼 수 있다.

사진 I-4. 화성 흥천산봉수 연대

사진 I-5. 화성 흥천산봉수 연조 전경

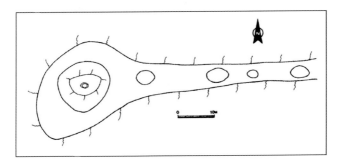

도면 I-2. 화성 흥천산봉수 평면도

3. 화성 염불산봉수

염불산봉수(念佛山烽燧)는 경기도 화성시 서신면 상안리의 해발 170.2m인 봉화산(烽火山) 정상에 위치하고 있다. 동쪽으로 직선거리 1.8km 지점의 감산 정상에는 삼국시대의 테뫼식 백곡리토성이, 북동쪽으로 1.25km 지점에는 해발 165m의 구봉산(九峰山) 정상에 삼국시대의 복합식 산성인 당성(塘城)이, 또한 서북쪽으로 3km 지점에는 화량진성(花梁鎭城)이 위치하고 있는 등 봉수가 위치하고 있는 곳은 주위 일대가 전략적으로 매우 중요한 요충지이다.

사진 I -6.
화성 염불산봉수 연대

사진 I -7.
화성 염불산봉수 연대
연소실

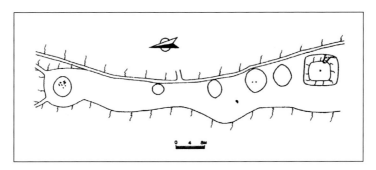

도면 I -3. 화성 염불산봉수 평면도

　초축시기는 고려시대이며, 봉수노선과 성격상 제5거 직봉노선의 연
변봉수이다. 동지역의 흥천산봉수(興天山烽燧)에서 신호를 받아 해운
산봉수(海雲山烽燧)에 응하였다. 봉수명칭에 불교적인 색채가 강하다.
　봉수는 산 정상의 평탄지에 설치된 헬기장을 지나 동－서방향 장
축(長軸)의 능선을 따라가면 원형의 토·석 혼축 연조 4개소와, 서
쪽 제일 높은 곳의 입지 좋은 곳에 1개소의 원형 연대가 위치하고
있다. 봉수의 형식분류상 연대+연조형에 속한다. 앞의 흥천산봉수와
마찬가지로 산 정상의 능선상에 연대와 연조시설을 하였기에 출입시
설 및 방호벽·호 등의 방호시설은 마련되어 있지 않다. 전체적인
형태는 앞의 흥천산봉수와 유사하며, 평면형태는 자루가 길쭉한 조
롱박의 형태이다.
　연대는 평면 원형으로 외형상 토축이나 일부 석재가 노출되어 있는 것
을 통해 토·석 혼축이다. 규모는 밑변둘레 42m, 상부둘레 18.5m가량으
로 정면에서 보아 사다리꼴 모양이다. 높이는 2~3.5m가량으로 지형에
따라 차이가 있다. 연대 상부는 동서직경 5.5m, 남북직경 5m가량이며 중
앙에 동서 2.5m, 남북 2m, 깊이 0.3m가량의 원형 연소실이 마련되어 있
다. 따라서 연대의 단면모습은 '凹' 형태이다.

연조는 연대에서 동쪽으로 능선상에 4개소의 크고 작은 원형 연조가 일정한 거리를 두고 지표면에 'ㅇ' 형태로 잘 남아 있다. 표면은 토축이나 일부 연조의 경우 석재가 노출되어 있어 토·석 혼축이다. 각 연조의 크기는 직경이 동-서 5~8.6m, 남-북 2.5~6.5m, 높이 0.8~2m가량이다. 각 연조 간 거리는 16m(연대~1연조), 21m(1~2연조), 10m(2~3연조), 13m(3~4연조)이며, 연대~4연조 간 전체 길이는 60m이다.

* 당성(塘城): 경기도 화성시 서신면 상안리의 구봉산(九峰山) 정상에 있는 삼국시대의 산성이며 사적 제217호로 지정되어 있다. 산성과 봉수가 소재하는 옛 남양(南陽)은 고구려 때 당성군(唐城郡)이라 하였는데, 신라가 점유한 후 당항성(黨項城)을 축조하고, 황해를 통하여 중국과 교류하는 출입구로서 중요한 역할을 하였던 곳이다.
* 화량진성(花梁鎭城): 경기도 화성시 송산면 지화2리 와룡산 서쪽능선 일대 화령마을에 소재하는 고려~조선시대 진성으로 달리 남경성·남경두토성·화량성·지화리산성·와룡산성 등으로 호칭되고 있다.
* 해운산봉수(海運山烽燧): 경기도 화성시 송산면 독지리 문지마을의 해발 126m인 봉우재 정상에 위치하는 제5거 직봉노선의 연변봉수이다. 산정상부 주위를 따라 동서장축 37m, 남북단축 18m의 장방형대지를 토·석 혼축으로 조성하고 중앙부에 높이 1.5~2m의 석축단을 축조하였다. 연조는 이 석축 위에 마련하였는데 5개소의 원형 석축 연조가 있었던 것으로 추정된다.

4. 인천 축곶봉수

축곶봉수(杻串烽燧)는 인천시 서구 가정동의 북망산(北亡山) 북쪽에 위치한 해발 79.2m인 나지막한 구릉정상에 위치하고 있다. 남쪽으로는 북망산의 봉우리가 정면에 바라보이나, 동쪽으로는 해발 225m의

사진 I -8. 인천 축곶봉수 연대와 상부 연소실

철마산(鐵馬山)에 가려 시야확보가 곤란한 상태이다. 반면 서쪽으로는 서해 연안에 인접한 까닭에 멀리까지 조망이 가능한 곳이다.

초축시기는 고려시대이며, 봉수노선과 성격상 제5거 직봉노선의 연변봉수이다. 남쪽의 문학산봉수(文鶴山烽燧)에서 신호를 받아 북쪽의 백석산봉수(白石山烽燧)에 응하였다.

축조목적이 왜구방어 목적에서 축조된 해안 연변봉수인 까닭에 단봉의 석축 연대(煙臺)와 주위 타원형의 방호벽(防護壁)을 갖추고 있다.

연대의 평면형태는 잔존 기저부의 형태로 보아 하부 방형(方形)이며 3m가량의 높이로 축조하였던 것으로 여겨진다. 잔존하고 있는 연대의 규모는 직경이 동서 8m, 남북 8.2m, 높이는 동북쪽이 1.6~2m, 남서쪽이 1~1.2m가량 잔존하며 연대 하단부의 둘레는 27.5m가량이다. 아울러 연대 상부에는 북쪽에 치우쳐 직경 동서 2.5m, 남북 2.2m, 깊이 70cm가량 석축의 방형 연소실(燃燒室)이 잔존하고 있다. 따라서

연대의 단면모습은 '凹' 형태
이다.

방호벽은 토·석 혼축으로
표면이 흙으로 덮여 있다. 전
체적인 평면형태는 원형(圓形)
이나 남쪽 방호벽의 경우 민묘
수기가 안장되면서 봉분 후미
를 방호벽 석축에 덧대어 일부
를 훼손하면서 전체적인 형태
가 타원형(楕圓形)을 하고 있
다. 방호벽의 규모는 동서길이
26m, 남북길이 22.5m, 높이 0.8~
1m, 상부폭 1.6m이며 전체 둘
레는 85m가량이다.

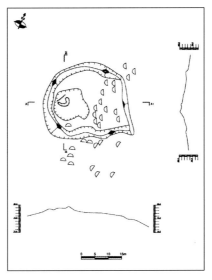

도면 Ⅰ-4. 인천 축곶봉수 평·단면도
(인하대학교 박물관)

* 문학산봉수(文鶴山烽燧): 인천시 남구 문학동의 해발 213m인 문학산 정상
  에 위치하였던 제5거 직봉노선의 연변봉수이다. 봉수는 문학산 마루에 높
  이 3m의 고분형 축산(築山)을 하여 만들어졌기 때문에 문학산을 봉화둑산
  또는 배꼽산이라고도 하였는데, 1959년 미군부대 건설 시 삭토(削土)로 인
  해 현재는 완전히 없어졌다.
* 백석산봉수(白石山烽燧): 인천시 서구 오류동 봉화촌의 해발 47m인 나지
  막한 구릉에 위치하는 제5거 직봉노선의 연변봉수이다. 대응봉수는 남쪽의
  인천 축곶봉수에서 신호를 받아 북쪽의 김포 수안산봉수에 응하였다.

5. 강화 화개산봉수

화개산봉수(華盖山烽燧)는 인천시 강화군 교동면 교동도의 상룡·읍내·대룡·고구리 등 4개 리에 걸쳐 있는 해발 259.5m인 화개산(華盖山) 정상에 위치하고 있다. 강화군 내 소재의 봉수 중 유지가 온전하며 화개산성과 인접하고 있다. 봉수가 위치하는 교동도는 4면이 황해로 둘러싸여 있는 장타원형의 작은 섬으로서 봉수는 동쪽으로 돌출한 높은 곳에 위치하고 있다. 이에 따라 서쪽으로부터 해안선을 따라 북상하는 외적의 침입을 조망·감시 및 이웃한 봉수로 전보하기에 유리한 입지조건을 갖추고 있다.

봉수노선과 성격상 제5거 직봉노선의 연변봉수로서 시대를 달리하여 성산봉화(城山烽火)·주산봉수(主山烽燧)·규산봉수(圭山烽燧)로도 호칭되었다. 대응봉수는 조선 초기에는 동쪽의 별립산봉수(別立山烽燧)에만 응하는 단일노선이었으나, 중기에는 남쪽의 망산봉수(望山烽燧)에서 신호를 받아 동쪽으로 하음산봉수(河陰山烽燧)에 응하였다.

과거 통어영(統禦營) 소속의 봉수로서 봉수장(烽燧將) 1인, 감관(監官) 5인, 도감고(都監考) 1인 등 총 53명의 봉수군이 배속되어 있었다.

현재 봉수는 화개산 등산로변에 동-서 장축의 능선을 따라 평면 장방형의 석축 연대가 위치하고 있다. 연대 축조에 사용된 석재는 치석에 정형은 없으며 30×27, 36×20, 40×10, 54×12cm가량의 얇고 납작한 석재를 사용하여 수평에 가깝게 쌓았다.

연대의 규모는 직경이 동서 7.2m, 남북 5.2m가량이며, 연대의 높이가 동쪽 1.2m, 남쪽 1.3m, 북쪽 1.6m가량이다.

사진 I-9. 강화 화개산봉수 연대

사진 I-10. 강화 화개산봉수에서 본 화개산성

* 별립산봉수(別立山烽燧): 인천시 강화군 하점면 후사리・이강리・인화리 경계의 해발 399.8m인 별립산 정상에 소재하는 제5거 직봉노선의 연변봉수이다. 조선 중기 이후 하음산봉수(河陰山烽燧)가 그 역할을 대신함에 따라 기능을 상실하고 일찍부터 폐지되었다.

* 통어영(統禦營): 조선시대 수군제도의 확립에 따라 설치되었으며『경국대
  전(經國大典)』에 진관체제(鎭管體制)에 따라 각 도마다 주진(主鎭)·거진
  (巨鎭)·제진(諸鎭)으로 편제되어, 주진에는 수군절도사(水軍節度使), 거
  진에는 수군첨절제사(水軍僉節制使), 제진에는 만호(萬戶)가 배속되어 있
  었다. 그 뒤 1593년(선조 26)에는 통제영(統制營)을 두어 경상도·전라
  도·충청도의 수군을 통제사(統制使)로 하여금 지휘하도록 하여 남해안 방
  어를 강화하였고, 1627년(인조 5)에는 수도권 방위를 위하여 강화(江華)에
  통어영(統禦營)을 두어 경기도·황해도의 수군을 통솔하게 하였다.

6. 강화 하음산봉수

하음산봉수(河陰山烽燧)는 인천시 강화군 하점면 신봉리와 장정리
경계의 해발 291.1m인 봉천산(奉天山) 정상에 위치하고 있다. 산정에
서 보면 4방을 한눈에 조망할 수 있는데, 특히 서쪽으로는 별립산봉수
가 지척에 있듯이 가깝게 조망되고 그 너머로 아련하게 교동도의 화
개산이 바라보인다. 또한 북쪽으로는 북한의 황해도 일대와 개성 송악
산이 지척에 있듯이 잘 조망된다. 과거에는 산이포나루를 통해 개성과
의 직통로가 열려 있어 물물교류가 활발하였다고 한다.

초축시기는 종래의 별립산봉수를 대신하여 조선 중기인 15세기 중
엽이다. 봉수노선과 성격상 제5거 직봉노선의 연변봉수이다. 대응봉수
는 교동 화개산봉수(華盖山烽燧)에서 신호를 받아 강화 남산봉수(南
山烽燧)에 응하였다. 시대를 달리하여 하음성산봉수(河陰城山烽燧)·
봉천산봉수(奉天山烽燧)·봉천대(奉天臺) 등으로 호칭되었다.

현재 하음산 정상부에는 가장 남쪽에 봉천대와 가장 북쪽에 봉천정
이 위치하고 있다. 이 중 봉천대는 고려시대의 제사기능이 없어진 조
선시대에 봉수대로 전용되어 평화 시에 항시 1거(炬)를 통해 이상이

없음을 중앙으로 보고하였던 연대(煙臺)였을 것으로 여겨진다.

이 외에 비상시 5거의 거화를 하기 위한 연조는 하음산 정상부의 남쪽 봉천대와 북쪽 봉천정 사이의 능선상에 5개소의 토·석 혼축 연조흔적이 1열로 확인된다. 각 연조 간 거리는 9~10m가량이다.

아울러 가장 북쪽에는 봉천정(奉天亭) 이름의 8각정과 산불감시 초소가 위치하고 있는데 이곳에는 예전에 당집이 있었다고 전한다.

사진 I-11. 강화 하음산 봉천대(고려시대 축조의 祭壇이며 현재 복원된 모습이다)

* 남산봉수(南山烽燧): 인천시 강화군 강화읍 신문리와 남산리 경계의 해발 222.5m인 남산 정상에 소재하는 제5거 직봉노선의 연변봉수이다. 조선전기 에는 송악봉화(松岳烽火)로도 통용되었으며, 산 정상에 일부 봉수유지의 흔적이 남아 있다.
* 봉천산(奉天山): 달리 봉두산·봉천대·하음산·하음산성이라고도 하며, 고려 때 하음백 봉천우(河陰白 奉天佑)가 봉천대를 세우고 그 조상을 도우신 하느님에게 제사를 지냈다고 한다.

사진 I-12. 강화 하음산봉수 연조 전경

7. 강화 망산봉수

망산봉수(網山烽燧)는 인천시 강화군 내가면 황청리와 외포리 경계
의 해발 193m인 국수산(國壽山) 정상에 위치하고 있다. 국내에서 연
변봉수로는 잔존상태가 드물게 양호한 5개소의 원형 석축 연조와 1개
소의 연대가 잘 남아 있는 연대+연조형의 봉수이다.

고려~조선시대에 유사시 서해를 거쳐 강화도 내륙으로 침입하거나 북
상하려는 적의 동태를 제일 먼저 발견하여 인근 봉수대로 전보하는 역할
을 담당했던 최일선 연변봉수로서 중요한 역할을 담당했던 것으로 보인다.

초축시기는 고려시대이며 봉수노선상 제5거 직봉노선의 연변봉수로
서 후대에 일시 덕산봉수(德山烽燧)로도 호칭되었다. 조선 초기에는
북쪽으로 별립산봉수(別立山烽燧)에만 응하는 단일 노선이었으나, 조
선 중기 이후로 동쪽으로 진강산봉수(鎭江山烽燧), 서쪽으로 화개산봉
수(華盖山烽燧)에 응하도록 한 새로운 봉수노선이 정해진 이후 줄곧
노선의 변동이 없이 일관성을 유지하였다.

현재 국수산 정상부에는 남북 직경 8.5m, 동서 직경 8m, 전체 둘레 31.9m가량으로 높이 1m 내의 정방형 석축기단부위에 총 높이 3.9m가량인 원뿔형 석축 연대가 위치하고 있다. 또한, 이 연대의 하단부에는 산정으로 오르는 능선상에 서고동저의 지형을 따라 5개소의 원형 석축 연조가 일정거리를 두고 잔존하고 있다. 전체 길이가 27.5m가량의 세장방형태(細長方形態)로서 고저차가 심한 편이다. 각 연조의 크기는 직경 3~4m 내로 3~7단내의 석축이 잔존하며, 각 연조 간 중심에서 5~7m의 간격을 두고 있다.

사진 I-13.
강화 망산봉수 연대

사진 I-14.
강화 망산봉수 연조
전경

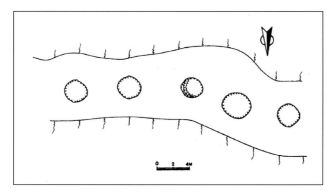

도면 Ⅰ-5. 강화 망산봉수 연조 평면배치도

8. 강화 진강산봉수

진강산봉수(鎭江山烽燧)는 인천시 강화군 양도면 삼흥리의 해발 443.1m인 진강산(鎭江山) 정상에 위치하고 있다. 특이하게도 진강산의 서남쪽 산록 하단부에는 가릉(嘉陵)·석릉(碩陵)·곤릉(坤陵)과 같은 고려왕실의 능이 안장되어 있다.

입지상 인천시 소재의 봉수 중 해발고도가 가장 높은 곳에 위치하며 산정에서 보면 4방을 한눈에 조망할 수 있다. 서해를 멀리 조망·감시하면서 유사시 대모산봉수(大母山烽燧)에서 신호를 받아 망산봉수(望山烽燧)에 응하였다.

초축시기는 고려시대이며 봉수노선과 성격상 제5거 직봉노선의 연변봉수이다. 봉수의 형식분류상 연대+연조형이다.

봉수는 산정 북쪽의 가장 높은 곳에 요망대(瞭望臺)와 하단부에 건물지(建物址) 및 4개소의 연조가 남아 있는 전형적인 고려 봉수의 형태이다. 요망대는 직경이 동서 4m, 남북 5m, 북쪽 부분 높이 150cm가량의 자연적인 바위 암반으로, 상부는 평평하며 삼각점이 설치되어 있다.

사진 I −15. 강화 진강산봉수 요망대

연조는 요망대 못 미쳐 소로 우측의 수풀 속에 동−서 장축 1열로
토·석 혼축의 원형 구조물 4개소가 있다. 가장 동쪽에 위치하며 규모
가 큰 제1연조는 직경 4m가량으로 지표에서 높이 1m가량 잔존하는데
상부 중앙에는 직경 150cm, 높이 40cm가량인 원형 함몰부의 흔적이
있다. 제2연조는 1연조와 서로 5m의 거리를 두고 있으며 직경 3m, 높
이 80cm가량이다. 상부 중앙에는 1연조와 동일 크기의 원형 함몰부의
흔적이 있다. 1·2연조의 상부에는 남해 대방산봉수(臺防山烽燧)의 연
조와 유사하게 원형으로 석재를 돌려놓았다. 3연조는 2연조와 서로
3m의 거리를 두고 있으며 직경 2m가량의 흔적만이 확인된다. 4연조
는 3연조와 서로 5m의 거리를 두고 있으며 형태와 현상은 3연조와
동일하다. 또한 4연조와 인접한 가장 서쪽에는 직경 2m, 깊이 1m가량
용도불명의 원형 구덩시설이 인접하고 있다.

건물지는 산정에서 남쪽으로 저지를 이루고 있는 평탄지에 위치하는데 동쪽과 남쪽에서 석축의 흔적이 확인된다. 동쪽의 석축은 길이 40m 내, 높이 30~80cm, 축조 단수 3~7단가량으로 축조에 정형성은 없으며 크고 작은 석재를 섞어 축조하였다. 이는 동쪽 하단부로 급사면을 이루는 지형을 보강하고 건물의 경계를 구획하려는 의도에서 축조한 것으로 보인다. 반면, 남쪽은 1열의 석재로 경계만 표시한 상태이며 건물지의 내부는 수풀과 잡목이 무성한 상태이다.

사진 Ⅰ-16.
강화 진강산봉수
연조

* 가릉(嘉陵): 사적 370호. 고려 24대 원종(元宗)의 비(妃) 순경태후(順敬太后)의 능
* 석릉(碩陵): 사적 369호. 고려 21대 희종(熙宗)의 능
* 곤릉(坤陵): 사적 371호. 고려 22대 강종(康宗)의 비(妃) 원덕왕후(元德王后)의 능
* 대모산봉수(大母山烽燧): 강화군 불은면 신현리의 해발 84.2m인 대모산(大母山) 정상에 위치하는 제5거 직봉노선의 연변봉수이다. 동쪽의 김포 수안산봉수에서 신호를 받아 서쪽으로 강화 진강산봉수에 응하였다. 달리 대모성봉수(大母城烽燧)로도 지칭되었다.

권설봉수

1. 인천 백운산봉수

백운산봉수(白雲山烽燧)는 인천시 중구 영종면 운남동·운서동 일원의 해발 255.5m인 산 정상에 유지가 남아 있다. 조선 전(全) 시기에 발간된 각종 지지서(地誌書)에 기록이 없는 대신, 1872년

사진 Ⅰ-17. 인천 백운산 3개소의 연대 중 동쪽 연대

제작의 영종방어영(永宗防禦營)(『영종지도(永宗地圖)』)에 표기되어 있다. 여기에는 구담사(瞿曇寺) 뒤의 산봉우리에 백운산봉대(白雲山烽臺) 명칭으로 3개소의 연대시설이 뚜렷하게 채색되어 있다.

조선 후기 『여지도서(輿地圖書)』(1760)에는 "白雲山 在鎭西十里 禁山"이라 하여 진의 서쪽 10리에 소재하는데 금산(禁山)이라 하였으며, 사찰조(寺刹條)에는 "瞿曇寺 在白雲山 西距十里 僧將一人 料來每○六斗式 自備局會減上下 暸望幕在白雲山上 瞿曇寺僧徒中一名 暸望於西南海察 其荒唐船 漂迫有無"이라 하여 구담사는 백운산에 소재하는데 서쪽으로 10리의 거리이며 승장 1인을 두어 백운산 정상에 장막을 설치하여 요망하게 하였는데 구담사 승도 중 1명으로 하여 서남해안을 요망하면서 황당선의 왕래 유무를 관찰하게 하였다는 내용이다.

이를 통해 봉수는 19세기 말 이전에는 단순히 백운산 정상에 장막을 설치하고 구담사 승려 1명에 의해 요망(暸望)의 역할만 하였던 곳

이나, 19세기 말을 전후하여 구한말 흥선대원군의 쇄국정책(鎖國政策) 강화에 따라 비로소 연대가 설치되었음을 알 수 있다.

2. 강화 어류정요망대

어류정요망대(魚遊井瞭望臺)는 인천시 강화군 삼산면 매음리 석모도(席毛島)의 남쪽에 바다 쪽으로 돌출한 해발 52m인 나지막한 봉우리에 위치한다. 초축시기는 조선 후기이다. 동일시기에 설치된 말도(末島)·보을음도(甫乙音島)·황산도(黃山島) 등과 더불어 4처의 요망대 중 1처로서 당시 각 요망대에는 요망장(瞭望將) 1인과 요망군(瞭望軍) 10인이 배치되어 있었다.

요망대는 동－서로 장축을 이루는 나지막한 구릉의 능선 정상부에 유지가 잘 남아 있는데, 남－북으로는 사면을 이루고 있다. 입지상 북

사진 Ⅰ-18. 강화 어류정요망대

쪽으로는 해발 308.9m의 해명산(海明山)에 가로막힌 반면 나머지 3면
으로는 시야확보가 용이하다. 이를 통해 설치목적은 조선 후기 해안을
통한 이양선(異樣船)의 왕래를 간망하기 위한 것이며, 유사시 자체 거
화나 방포(放砲)를 통해 인근 요망대와 해당 영(營)에 알려 대비하기
위한 목적에서 축조됐던 요망대이다.

평면 원형의 석축연대는 현재 잔존높이가 1.5~2m 내이며 둘레 30~
35m가량이다. 상부 중앙부에는 깊이 0.6~0.7m, 직경이 동서 3.5m, 남북
2.5m, 둘레 12m가량의 내부는 원형이나 외부는 방형의 연소실(燃燒室)
이 마련되어 있는데, 바닥에는 잡석이 평평하게 깔려 있다. 오랜 세월
방치되는 동안 석재가 노출되고 일부 유실되어 비록 원상을 잃었지만
연대와 연소실의 잔존상태가 양호하게 남아 있다.

사진 I-19. 강화 어류정요망대 외방내원 연소실

Ⅱ 강원도

강원도는 대관령(大關嶺)을 기준으로 영동, 영서지역으로 확연히 구분되는 곳이며, 동해안(東海岸)에 인접하고 있다. 봉수분포상 이 지역에는 조선전기의 지지서에 모두 47개소의 봉수가 기록되어 있으나, 현재의 행정구역상 경북에 속한 일부지역의 봉수를 제외하면 실제는 40개소 내의 봉수가 소재하였던 곳이다.

조선전기에 수도 한양으로 집결되는 봉수망의 확정 이후 이 지역의 봉수는 후기에 들어 경흥(慶興) 서수라(西水羅)에서 초기하는 직봉노선을 제외한 간봉노선의 봉수는 모두 폐지되는 등 봉수노선의 변동과 철폐가 잦았던 지역이다. 고성·삼척·강릉지역을 중심으로 일부 봉수가 양호하게 남아 있다.

1. 고성 술산봉수

술산봉수(戌山烽燧)는 강원도 고성군 현내면 마차진리의 해발 133m인 봉화봉(烽火峰)에 위치하는 강원도 동해안 최북방의 봉수로서 동-서 장축의 능선상에 원형이 잘 남아 있다.

초축시기는 『여지도서(輿地圖書)』에 신라시대(新羅時代) 축조로 전하며 대응봉수와 함께 당시에는 폐지된 것으로 기록되어 있어 18세기 중엽 이전까지 운영됐던 봉수임을 확인할 수 있다. 봉수의 성격상 연변봉수이다. 대응봉수는 남쪽으로 정양산봉수(正陽山烽燧)에 응하고

사진Ⅱ-1. 고성 술산봉수 연대

북쪽으로 고성 구장천봉수(九莊遷烽燧)에 응하였다. 봉수의 형식분류
상 연대+호형에 속한다.

　부속시설로는 연대 외에 호,
석교 등이 있다. 연대는 평면
원형의 석축으로 표면은 많이
허물어져 윤곽이 뚜렷하지 않
으며 연대 상부의 연소실은 확
인할 수 없다. 연대의 규모는
높이 2.3m, 둘레 38m가량이

사진Ⅱ-2. 고성 술산봉수 호의 석교

다. 호는 연대 서편에 반구형의 석축으로 일부 잔존하는데 폭 1.8~2m
가량이다. 또한 호에는 포항·경주·울산 등 동해안 일부 봉수에서 확
인되는 폭 80cm의 석교(石橋) 시설이 마련되어 있는데 이는 호를 가
로질러 연대로의 접근을 용이하게 하기 위해 마련한 시설이다.

* 정양산봉수(正陽山烽燧): 강원도 고성군 거진읍 반암리의 정양산 정상에
  소재하였던 봉수이나 유지는 멸실됨

2. 고성 삼포리봉수

삼포리봉수(三浦里烽燧)는 강원도 고성군 죽왕면 삼포리의 도상에
봉수단(蓬燧壇)이라 표기된 나지막한 산봉우리 정상부의 동-서장축
능선상에 유지가 남아 있다.

초축시기는 고려시대 혹은 그 이전 시기로 추정되며 봉수성격상 연
변봉수이다. 봉수의 원래 명칭은 알 수 없으며, 봉수의 형식분류상 연
대형이다. 평면 방형(方形)으로 전체적인 형태가 동해 어달산봉수(於
達山烽燧)와 매우 닮았다.

석축은 동쪽이 양호하게 잔존하는데 크기 1m 내외의 화강장대석
을 면이 바르게 하여 축조하였다. 잔존 석축의 단수는 3단이며 높이
1m가량으로 낮다. 연대의 규모는 직경이 동서 9.6m, 남북 10.5m가
량이다.

사진Ⅱ-3. 고성 삼포리봉수 연대 동쪽 모습   사진Ⅱ-4. 고성 삼포리봉수 내부 모습

3. 양양 초진산봉수

초진산봉수(草津山烽燧)는 강원도 양양군 현북면 하광정리의 하조
대(河趙臺)가 봉수터이다. 초기에는 달리 광정봉화(廣汀烽火)로도 지
칭되었다.

초축시기는 『여지도서(輿地圖書)』에 신라시대(新羅時代) 축조로 전하
며 대응봉수와 함께 당시에는 폐지된 것으로 기록되어 있어 18세기 중엽
이전까지 운영됐던 봉수임을 확인할 수 있다. 대응봉수는 남쪽으로 양야
산봉수(陽野山烽燧)에 응하고 북쪽으로 수산봉수(水山烽燧)에 응하였다.

* 양야산봉수(陽野山烽燧): 강원도 양양군 현남면 남애리에 소재하였던 봉수
  이나 유지는 확인할 수 없음

사진 II-5. 양양 초진산봉수(현 하조대) 전경

4. 동해 어달산봉수

사진Ⅱ-6. 동해 어달산봉수 복원된 모습

어달산봉수(於達山烽燧)는 강원도 동해시 대진동의 해발 185m인 산 정상부의 동쪽 끝부분에 위치하고 있다. 강원도 내에서 유일하게 기념 물 제13호로 지정되어 있는 봉수로서 조선 초기에 잠깐 어을달봉화(於 乙達烽火)로 표기되기도 하였다.

초축시기는 고려시대이며, 대응봉수는 남쪽의 삼척 교동 소재 광진산 봉화(廣津山烽火)에 응하고 북쪽으로 강릉 심곡 소재의 오근산봉화(吾 斤山烽火)에 응하였다. 철폐시기는 조선 후기 발간의 『여지도서(輿地圖 書)』(1760)를 통해 18세기 중엽을 전후한 시기로 여겨진다. 봉수의 형식 분류상 연대+호형에 속한다.

최근 발굴조사를 통해 참호(塹壕)·토루(土壘) 등의 관련 시설이 조
사되었으며, 방형의 연대와 주위 호에 대한 복원이 이루어진 상태이다.

* 오근산봉화(吾斤山烽火): 강원도 강릉시 심곡동 소재.

사진Ⅱ-7. 동해 어달산봉수 호

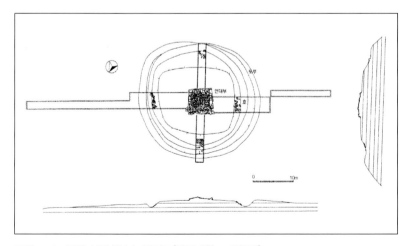

도면Ⅱ-1. 동해 어달산봉수 평면도(강릉대학교 박물관)

5. 삼척 가곡산봉수

가곡산봉수(피谷山烽燧)는 강원도 삼척시 원덕읍 월천리의 바다와 인접한 해발 84.7m인 봉우리에 연대를 설치하였고, 연대 바로 옆 남쪽에는 1칸 규모의 창고지가 있다. 또한 창고지에 이어서 남북방향으로 장방형의 석축이 있다. 과거 개곡연대(介谷煙臺)로도 지칭되었다.

초축시기는 고려시대이며 18세기 중엽 이전까지 단기간 운영됐던 봉수이다. 대응봉수는 남쪽으로 울진 항출도산봉수(恒出道山烽燧)에 응하고 북으로 삼척 임원산봉수(臨院山烽燧)에 응하였다. 봉수의 형식 분류상 연대형에 속한다.

사진 Ⅱ-8. 삼척 가곡산봉수 연대

연대는 평면 원형의 석축으로 상부에는 직경 1.9m, 높이 20cm 정도인 방형 연소실의 흔적이 남아 있다. 오름시설은 연대 남쪽의 아래 기

사진Ⅱ-9.
삼척 가곡산봉수
건물지

단부에서 동쪽으로 돌아 상부로 오르게끔 나선형으로 희미하게나마 확인된다. 연대에 뿌리를 박고 성장하고 있는 한 그루의 소나무가 인상적이다. 연대의 규모는 동서 6.8m, 남북 10m, 둘레 34m, 높이 3m 정도이다.

건물지는 연대 하단부 남쪽 방향에 있는데, 연대 바로 아래에 동서 8.6m, 남북 2.6m, 높이 20cm 정도로 동서 장축의 직방형이다.

출토유물은 연대와 창고지 사면에서 방호용 투석도구인 수마석(水磨石)이 확인되고 있다.

봉수의 특징은 민간신앙의 대상으로 연대가 마을 주민들에 의해 천제당(天祭堂)이라 불리고 있으며 매년 정월 보름과 6월 보름에 마을 제사가 거행되고 있다. 이렇듯 봉수의 기능이 폐지되고 민간신앙의 대상으로서 제사가 거행되고 있는 봉수는 가곡산봉수 외에 경북 영덕군 영해면 대리의 해발 409.4m의 봉화산에 위치하고 있는 광산봉수(廣山烽燧)가 있다.

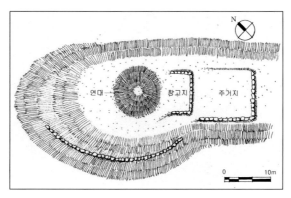

도면Ⅱ-2. 삼척 가곡산봉수 평면도(이철영 작성)

6. 삼척 광진산봉수

광진산봉수(廣津山烽燧)는 강원도 삼척시 교동 광진마을의 배후가 되는 해발 108m의 산정 능선상에 위치하고 있다. 지형상 동쪽으로는 해안과 인접하여 급사면을 이루고 있다. 따라서 봉수의 전체 형태는 도면을 통해 보듯 연대와 주위 호가 반구형의 모습으로 축조되어 있다.

연대의 평면 형태는 원형이며 뚜렷하지는 않으나 오름시설이 서쪽의 연대 기단부에서 오른쪽으로 돌아 상부로 돌아갈 수 있게 나선형으로 만들어져 있다. 연대의 규모는 직경이 동서 6.3m, 남북 10.3m, 높이 2.1m, 연대 하단부의 둘레 27m가량이다.

호는 깊이 0.4~1m, 너비 4m 정도이고 전체 둘레는 약 46m가량이다. 연대 서쪽 방향의 호 내부에는 호의 중간에 위치하여 보행용으로 축조한 석교(石橋)가 있는데, 크기는 폭 0.8m, 길이 2.6m, 높이 35cm 정도이다. 이러한 석교는 고성 술산봉수(戌山烽燧), 울산 유포봉수(柳浦烽燧), 경주 하서지봉수(下西知烽燧)에서 사례가 있다. 봉수의 형식 분류상 연대+호형에 속한다.

사진Ⅱ-10.
삼척 광진산봉수
연대

사진Ⅱ-11.
삼척 광진산봉수 호

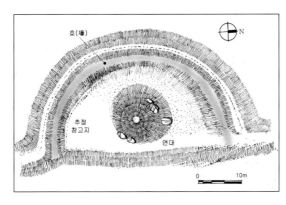

도면Ⅱ-3.
삼척 광진산봉수 평면도
(이철영 작성)

7. 삼척 임원산봉수

임원산봉수(臨院山烽燧)는 강원도 삼척시 원덕읍 임원리 해발 141.1m의 산정 능선상에 위치하고 있다. 연대 남쪽에는 2칸 규모의 창고지가 있으며, 동쪽은 급경사여서 별도의 시설이 없는 자연적인 방어선을 구축하였다. 입지상 동 지역의 광진산봉수와 같은 조건에서 축조됐다. 따라서 봉수의 전체적인 평면형태는 반구형이다. 남·서·북쪽의 3면으로는 방호벽이 연대와 건물지를 둘러싸고 있다. 따라서 방호벽 내에 연대와 창고지가 시설되어 있어 어느 정도의 방호기능이 갖추어진 봉수로 볼 수 있다. 봉수의 형식분류상 연대+방호벽형에 속한다.

사진 II-12.
삼척 임원산봉수
연대

연대의 평면 형태는 원형이며 축조상 토·석 혼축이다. 연대 상부에는 국립지리원에서 재설한 삼각점이 설치되어 있다. 연대의 규모는 직경이 동서 9.2m, 남북 7.2m, 연대 하단부의 둘레 27m, 높이 2.4m가량이다.

창고지는 동남－북서 방향으로 배치되어 있는데 평면형태는 직방형이다. 창고지 중간은 폭 62cm로 구획하여 2칸으로 구분하였다. 출입구는 창고지 동쪽에 있으며, 봉수 쪽으로 폭 70cm 정도의 중간 통로가 만들어져 있다. 창고지의 규모는 직경이 남동 - 북서

사진 Ⅱ-13. 삼척 임원산봉수 창고지

5.9m, 북동 - 남서 4.1m, 높이는 1.2m, 정도이다.

방호벽은 너비 2m, 둘레 50m, 높이 85~90cm 정도의 규모로 잔존하는데, 지형상 동쪽은 해안과 인접한 절벽이어서 반원형(半圓形)의 형태를 띠고 있다.

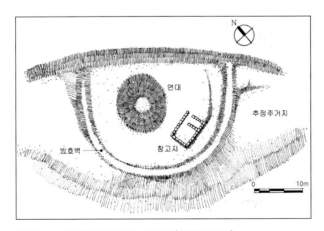

도면 Ⅱ-4. 삼척 임원산봉수 평면도(이철영 작성)

Ⅲ 충청도

충청지역은 옛 백제(百濟)의 영역으로 고구려(高句麗), 신라(新羅)와의 전쟁과정에서 많은 산성(山城)·토성(土城)이 축조됐다. 특히 내륙지역인 충북과 달리 충남은 고려(高麗)~조선시대(朝鮮時代)에 서해의 해안을 통해 침입하려는 왜구(倭寇)의 침입을 방어하고자 다수의 읍성(邑城)이 해안의 주요 요새지를 중심으로 축조돼 있다.

현재까지 확인된 충청지역의 봉수는 충북 약 21개소, 충남 약 32개소가량이다. 충북(忠北)의 경우 삼면이 바다로 둘러싸인 내륙에 위치한 까닭에 봉수노선과 성격상 제2거 직봉·간봉노선의 내지봉수이다. 입지상 위치가 불명확한 보은 용산점봉수(龍山岾烽燧)를 제외한 20개소 봉수의 평균 해발고도는 472m로서 타 지역에 비해 상당히 높은 곳에 분포하는 특징이 있다.

반면 충남(忠南)의 경우는 서해안을 끼고 있는 입지여건상 봉수노선과 성격상 제2거 간봉(9)노선과 제5거 직봉 및 제5거 간봉(2)노선의 내지·연변봉수가 혼재하고 있다. 지역상 보령, 서천, 당진, 태안, 논산, 공주 등 서해(西海) 및 금강(錦江)의 수계를 중심으로 다수 분포하는 특징이 있다. 이 중 보령지역은 충남지역 전체 봉수의 1/3인 13개소의 많은 봉수가 육지뿐만 아니라 녹도·외연도 등의 도서에 산재하고 있다.

● 간 봉

1. 서천 장암봉수

장암봉수(長巖烽燧)는
충남 서천군 장항읍 장
암동의 일명 '개구리산'
으로 불리는 해발 90.1m
의 산 정상에 위치하는
제5거 간봉노선의 연변
봉수이다. 입지적으로 충
남지역 소재의 봉수 중

사진 Ⅲ-1. 서천 장암봉수지(유지는 멸실된 상태이다)

가장 남쪽에 위치하고 있다. 또한 남서쪽으로 500m의 가까운 거리에는
장암진성(長巖鎭城)과 인접하고 있어 진성(鎭城)과의 밀접한 관련이
있다. 지정학적으로 서해 비인만(庇仁灣)·장구만(長久灣) 및 금강(錦
江)의 입구에 위치하여 하류에서 거슬러 오거나 금강을 통해 내륙으로
침입하려는 적선의 동향을 제일 먼저 파악할 수 있는 곳이다.

초축시기는 고려시대이며 왜구방어의 목적에서 설치되었으나, 16세
기 초엽 이후 전략적 가치의 상실로 일찍 폐지되었다. 대응봉수는 남
쪽의 옥구 점방산봉수(占方山烽燧)에서 신호를 받아 북쪽으로 서천
다사산봉수(茶沙山烽燧)에 응하였다.

봉수는 장암동 성안마을 내 산 정상에 소재하였을 것이나, 현재 유
지가 멸실된 상태이다. 봉수에서 보면 주위 사방을 조망하기에 용이한
곳이다. 산 정상에는 삼각측량점이 설치되어 있어 측량의 기준점이 되
고 있다.

* 장암진성(長巖鎭城): 장암진성은 고려시대에 장암진(長巖鎭), 조선시대에
  서천포영(舒川浦營) 등 시대에 따라 명칭의 차이가 있다. 충청남도 기념물
  제97호로 지정되어 있다.
* 다사산봉수(茶沙山烽燧): 충남 서천군 비인면 다사리의 일명 봉산으로 불
  리는 해발 74.7m인 다사산 정상부에 위치하고 있다. 지정학적으로 서해(西
  海)의 비인만(庇仁灣) 및 장구만(長久灣)의 요새지로서 하류에서 거슬러
  상류로 올라오는 적선의 동향을 굽어볼 수 있는 전략적 요충지이다. 조선
  초기부터 설치되어 있었던 봉수이나 16세기 초엽 이후 전략적 가치의 상실
  로 폐지된 봉수이다. 대응봉수는 남쪽의 서천 장암봉수(長巖烽燧)에서 신
  호를 받아 서쪽의 비인 칠지산봉수(漆枝山烽燧)에 응하였다.

2. 서천 운은산봉수

운은산봉수(雲銀山烽燧)는 충남 서천군 마서면 봉남리와 남산리 경
계의 해발 146.9m인 남산(南山)의 서쪽 봉우리 봉화산(烽火山) 정상
부에 위치하고 있다. 동쪽으로 500m의 가까운 거리에는 일명 영취산
성(靈鷲山城)으로 별칭되는 남산성(南山城)과 북쪽으로 2km의 거리
에는 서천읍성(舒川邑城: 457.3m)과 인접하고 있다. 이는 봉수와 인
접하고 있는 남산성(南山城)이 옛 서림군(西林郡)의 읍성지(邑城址)
였으며, 지정학적으로 서남쪽의 서해(西海) 비인만(庇仁灣)·장구만
(長久灣) 및 고군산군도(古群山群島)를 훤히 조망할 수 있는 전략적
요충지로서 중요성이 컸음을 알 수 있다.

초축시기는 조선 중기인 16세기 초엽이며, 봉수노선과 성격상 제5거
간봉(2)노선의 연변봉수이다. 대응봉수는 남쪽의 옥구 점방산봉수(占
方山烽燧)에서 신호를 받아 북쪽의 서천 칠지산봉수(漆枝山烽燧)에
응하였다.

봉수는 동-서로 장축을 이루는 능선의 정상에 평면 장란형태(長卵

形態)를 띠고 있다. 지형적으로 서고동저(西高東低)이며 남쪽으로는 급
사면을 이루고 있는 반면 북쪽으로는 폭 4.5m가량의 통행로를 두고 완
만한 사면을 이루고 있다. 동－서로 평평한 능선을 이루고 있기에 주통
행로로 이용되고 있다. 봉수 관련시설로는 내부에 연대(煙臺)와 출입
시설(出入施設) 2개소가 있다.

연대는 일부 허물어진 상태이며 봉수 내부의 서쪽에 치우쳐 위치하는
데 반타원형의 석축(石築)이다. 연대 상부의 동쪽에는 연소실이 내부 길
이 110cm, 동서 340cm, 남북 420cm가량 함몰되어 있다. 출입시설은 동
서에 각 1개소씩 개방형으로 마련하였는데 토축이다. 서쪽에는 폭 40cm
가량 반원으로 2중의 호가 마련되어 있다.

사진 Ⅲ-2.
서천 운은산봉수 전경
(서→동)

사진 Ⅲ-3.
서천 운은산봉수 연대

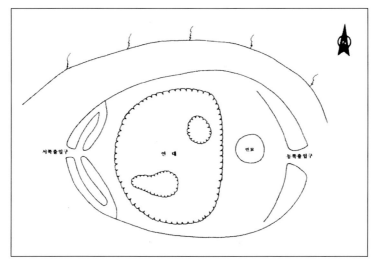

도면 Ⅲ-1. 서천 운은산봉수 평면도

* 점방산봉수(占方山烽燧): 전북 군산시 소룡동 월명공원 내 해발 139m인 산 정상에 위치하는 제5거 간봉(2)노선의 연변봉수로서 터에는 사적비가 세워져 있다.
* 칠지산봉수(漆枝山烽燧): 충남 서천군 비인면 칠지리의 해발 111.5m인 산 정상에 위치하는 제5거 간봉(2)노선의 연변봉수로서 유지가 잘 남아 있으나 봉수대 내와 주변으로 대나무 숲이 무성한 상태이다.

3. 보령 옥미봉봉수

옥미봉봉수(玉眉峯烽燧)는 충남 보령시 남포면 옥서리의 해발 416.8m 인 잔미산 정상에 위치하고 있는데, 봉수가 위치하는 곳은 대천리산성 (大川里山城) 내이다. 이 외에도 북쪽으로 수부리산성(水芙里山城: 1km), 달산리산성(達山里山城: 101.7m, 3km), 남포읍성(藍浦邑城: 3.75km) 등이 인접하고 있어 봉수와 주변 산성·읍성 간의 군사전략적인 요충

지에 봉수가 설치됐음을 알 수 있다. 입지적으로 충남지역 내 천안의
대학산봉수(大鶴山烽燧: 455.5m), 대전의 계족산봉수(鷄足山烽燧: 423m)
다음으로 해발고도가 높은 곳에 위치하고 있다.

초축시기는 조선 후기인 18세기 중엽이며, 봉수노선과 성격상 제5거 간
봉(2)노선의 연변봉수이다. 대응봉수는 남쪽의 서천 칠지산봉수(漆枝山烽
燧)에서 신호를 받아 북쪽으로 보령 조침산봉수(助侵山烽燧)에 응하였다.

봉수는 잔미산 정상에 정남북 장축(長軸)으로 장반타원형의 유지가
남아 있다. 봉수의 형식분류상 연대+연조+방호벽형이다. 위치하는 곳
은 동쪽으로 바로 아래에 평지 및 배후로 높은 산에 막혀 있는 반면,
서쪽으로는 서해 및 멀리 원산도봉수(元山島烽燧)를 한눈에 바라볼
수 있는 전망이 좋은 곳이다. 남-북으로는 평평한 반면 동-서로는
경사가 져 있다. 예전에는 기우제를 지내던 장소로 이용되기도 하였으
나 기우제가 끊기면서 인적이 끊겼다.

사진 Ⅲ-4. 보령 옥미봉봉수 복원된 모습

사진Ⅲ-5.
보령 옥미봉봉수
연조 전경

　복원된 연대(煙臺)는 산 정상부 가장 남쪽에 위치하는데 높이 1.9m,
하부 둘레 9.8m이며 서북으로 길이 1.3m, 높이 80cm 규모의 'ㄷ'자
모습으로 거화시설을 갖추어 놓았다. 연대는 내부 중앙에 직경 1.2cm
의 원형 홈이 지면과 관통되어 있다. 연조는 북쪽에 5개소의 원형석축
흔적이 남아 있는데 현재 허물어져서 그 윤곽만 확인할 수 있다. 출입
시설(出入施設)은 연대와 인접한 남쪽에 그 흔적이 남아 있는데 폭
1.4m, 높이 70cm가량이다.

4. 보령 조침산봉수

　조침산봉수(助侵山烽燧)는 충남 보령시 주교면 은포리의 해발 234.9m
인 봉대산(奉大山) 정상에 위치하고 있다. 입지적으로 남쪽으로는 멀
리 옥미봉봉수가 조망되며, 서쪽으로는 서해상의 안면도(安眠島)・원
산도(元山島)・삽시도(揷矢島) 등 도서해안 일대 및 북쪽으로 가까이
보령수영이 조망된다.
　초축시기는 고려시대이며, 봉수노선과 성격상 제5거 간봉(2)노선의

연변봉수이다. 대응봉수는 남쪽의 옥미봉봉수(玉眉峯烽燧)에서 신호를 받아 북쪽으로 흥양산봉수(興陽山烽燧)에 응하였다. 또한 서쪽의 원산도봉수(元山島烽燧)와도 가까운 거리에 인접하고 있어 흥양산·원산도·조침산 등 3개소의 봉수가 서로 삼각형의 역학구조를 이루고 있다.

봉수는 2000년 보령시청에 의한 정비·복원을 통해 원래의 모습을 상실한 상태이다. 그러나 복원 전에는 봉대산 정상부분 남쪽에 출입구 시설의 계단과, 높이 약 2m, 지름 약 11m, 둘레 약 52m의 석축으로 된 연대 시설과 북쪽 방향으로 폭 약 11.4m, 길이 약 30m 가량의 평평한 공터에 부속건물지로 추정되는 터가 있었다. 이곳 역시 산 정상의 지형적 조건에 맞

사진Ⅲ-6. 보령 조침산봉수 전경

게 연대가 설치돼 있었으나, 봉수대 폐지 이후 기우제를 지내는 단으로 연대시설물이 이용되어, 후세 사람들에 의한 인위적인 훼손이 많았다.

복원된 연대(煙臺)는 산 정상부 가장 남쪽에 위치하는데 높이 2m, 하부 둘레 12.3m이며 서쪽 하단부에 높이 80m, 너비 60cm의 방형 화구시설을 갖추어 놓았다. 연대는 내부를 상부 너비 2m,

사진Ⅲ-7. 보령 조침산봉수 복원 연대

하부 너비 1.4m가량 원형으로 내부를 지면과 관통하고 있다. 연대에 사용된 석재는 25×8, 30×15, 45×14cm의 할석으로 평평한 면을 갖추어 복원하였다. 또한 연대 주위로는 높이 50cm가량 원형의 석축을 2단으로 두르고 있다.

5. 태안 백화산봉수

백화산봉수(白華山烽燧)는 충남 태안군 태안읍 동문리의 해발 284.1m 인 백화산 정상에 위치하고 있다. 봉수가 위치하는 곳은 주변에 이보다 높은 산이 없기 때문에 주변을 조망하기 매우 유리한데, 특히 동·남·서 3면의 시야확보가 용이하다.

사진 Ⅲ-8. 태안 백화산봉수 복원된 모습

초축시기는 조선 중기인 16세기 초를 전후한 시기이다. 봉수노선과 성격상 전북 옥구 화산봉수(花山烽燧)에서 초기하는 제5거 간봉(2)노선의 연변봉수이다. 대응봉수는 서산 도비산봉수(島飛山烽燧)와 서산 주산봉수(主山烽燧)이다.

산성 내에 위치하는 봉수로서 조선 중기 발간된『신증동국여지승람(新增東國輿地勝覽)』(1530)에 白華山城 石築周二千四十二尺 高十尺 內有一井 今廢(백화산성 석축둘레 2,042척, 높이 10척, 성안에는 한 개소의 우물이 있다. 지금은 철폐되었다.)[22]의 기록을 통해 봉수제가 운영되던 당시에는 산성이 철폐되어 있었음을 확인할 수 있다.

현재 봉수는 백화산 정상부 못 미쳐 약간 아래에 하부 방원형의 석축 위에 상부 토·석축으로 복원을 통해 원래의 모습을 상실한 상태이다.

* 화산봉수(花山烽燧): 전북 군산시 옥서면의 해발 50.9m인 화산 정상에 소재하는 제5거 간봉노선의 연변봉수로서 현재 유지는 멸실된 상태이다.
* 도비산봉수(島飛山烽燧): 충남 서산시 부석면 산동리와 지산리 경계의 해발 351.6m인 도비산 정상에 위치하는 제5거 간봉(2)노선의 연변봉수로서 일부 토·석 혼축의 유지가 남아 있다.

6. 서산 주산봉수

주산봉수(主山烽燧)는 현재 멸실된 상태로 충남 서산시 읍내동의 해발 201.4m인 봉화산 정상이 봉수터이다. 봉수가 위치하였던 봉화산 정상부는 일제강점기 헌병초소와 한국전쟁 당시 방공호가 있었던 것으로 전해지고 있으며, 약 10년 전에 초소자리를 메우고 평탄하게 하여 화단을 조성했다고 한다. 이처럼 봉수터는 여러 번에 걸친 교란으로 인해

22)『新增東國輿地勝覽』卷19, 忠淸道 泰安郡 古蹟條

원지형의 훼손 정도가 심한 편이다.

초축시기는 고려시대이며, 봉수노선과 성격상 제5거 간봉(2)노선의 연변봉수이다. 대응봉수는 서쪽의 태안 백화산봉수(白華山烽燧)에서 신호를 받아 동쪽의 해미 안국산봉수(安國山烽燧)에 응하였다. 달리 북산봉수(北山烽燧)로도 호칭되고 있다.

최근 발굴조사를 통해 평면 타원형에 가까운 참호(塹壕) 1기와 부정형의 수혈유구 4기를 비롯하여 조사대상지역 주변을 도는 성벽으로 추정되는 석축시설을 확인하였다. 유물은 주로 타원형의 연대 호 내부에서 수습되었는데, 기와·자기·토기편이 다량으로 출토되었다. 참호 내의 연대(烟臺)는 멸실된 상태이며, 봉수의 형식분류상 연대+호형의 봉수이다.

사진 Ⅲ-9. 서산 주산봉수 항공사진(충청문화재연구원)

* 안국산봉수(安國山烽燧): 충남 당진군 정미면 수당리의 해발 281.9m인 봉화산 정상에 위치하는 제5거 간봉(2)노선의 연변봉수이다. 대응봉수는 서산 주산봉수에서 신호를 받아 당진 고산봉수 응하였다.

● 권설봉수

1. 보령 원산도봉수

원산도봉수(元山島烽燧)는 충남 보령시 오천면 원산도리의 해발 117.9m인 오로봉(五老峰) 정상에 위치하는 제5거 노선의 권설봉수(權設烽燧)이다. 조선 후기에 설치되어 단기간 운영됐으며 바다 쪽의 외연도봉수에서 신호를 받아 동북쪽의 오천수영에 설치된 망해정봉수(望海亭烽燧)에 응하였다.

초축시기는 문헌기록을 통해 숙종 3년(1677) 비변사(備邊司)의 장계에 의해 원산도에 봉수를 설치하고 봉군의 타처 입번을 일체 혁파 및 수영(水營) 소관으로 하자는 건의가 받아들여짐으로써 숙종 초기, 즉 17세기 말경에 원산도봉수의 초축이 이루어졌다.

사진Ⅲ-10. 보령 원산도봉수

봉수는 섬 내에 위치하여 인적이 드문 곳에 위치한 관계로 유구의 잔존상태가 좋은 편이다. 봉수가 위치하는 원산도는 충남에서 안면도 다음으로 큰 섬이며 현재는 연육화된 상태이다. 섬의 모양은 동서 방향으로 길게 뻗어 있고, 섬 서편에 5개소의 나지막한 봉우리가 일렬로 나란히 있는데 그중 가장 남쪽에 있는 큰 봉우리 정상에 봉수가 위치한다.

연대(煙臺)는 평면 원형으로 지표에서 1m까지는 석축이나 그 위로는 토축이다. 연대의 상부 중앙에는 방형의 연소실이 있는데, 동서 2m, 남북 2.4m, 깊이 80cm의 작은 규모이며 바닥에는 작은 활석을 깔았다.

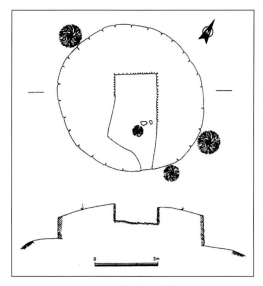

도면 Ⅲ-2.
보령 원산도봉수
평·단면도

* 망해정봉수(望海亭烽燧): 조선 후기 충남 보령시 오천면의 오천수영 인근에 설치됐던 권설봉수이다. 소재하는 곳은 충남 보령시 오천면 영보리 밤까시마을 남쪽 봉우리(118.7m)이다. 조선 후기에 설치되어 단기간 운영됐던 봉수로 원산도봉수에서 신호를 받아 오천수영에 응하였다.

* 오천수영성(鰲川水營城): 충남 보령시 오천면 소성리에 위치하며 조선시대 충청도수군절도사영(忠淸道水軍節度使營)이 있었던 수영(水營)의 영성(營城)이다. 태조 5년(1396) 수군첨절제사를 두었다가 세종 3년(1421)에는 도안무처치사로 이름을 바꾸었고 세조 12년(1466) 수군절도사영이 되어 충청도 서해안 방어의 최고 사령부로서 전선을 거느리고 있었다. 성의 길이는 전체 약 1,650m로서 1,270m 정도가 확인된다. 충청남도 기념물 제9호로 지정되어 있다.
* 비변사(備邊司): 조선시대 군국기무(軍國機務)를 관장한 문무합의기구(文武合議機構).

사진Ⅲ-11. 보령 오천수영성

Ⅳ 경상도

경상지역은 동남해 연안을 사이에 두고 대마도 및 왜(倭)와 인접하여 한국고대(韓國古代)부터 왜구(倭寇)로 인한 극심한 피해를 많이 입었던 지역이다. 이로 인한 방비책으로 당시 포항·부산·울산·거제·마산·통영·남해 등의 지역을 중심으로 다수 설치돼 치·폐를 거듭하였던 170여 개소의 봉수는 국내에서 가장 많은 봉수가 소재하는 지역이다. 또한 제2거 직봉과 10개소 간봉노선의 연변봉수가 초기하는 곳으로 중요성이 매우 큰 곳이다. 따라서 문화재로 지정 및 정비·복원이 이루어진 봉수도 타 지역에 비해 월등하게 많으며, 일부 봉수에 대해서는 사실과 다른 모습으로 복원을 통해 원형이 상실되기도 하였다.

아울러 봉수의 구조·형태적인 면에서 이 지역의 봉수는 연변봉수 그 자체를 의미하는 연대와 거화시설인 연조 외에 방호시설인 호·방호벽을 제대로 갖춘 전형적인 연변봉수도 있다. 그러나 입지적으로는 해안 연변지역이나 연대가 없이 타원형의 방호벽 내에 연조를 갖춘 채 내지봉수의 구조·형태를 띠고 있는 고성 천왕점봉수(天王岾烽燧), 연대 없이 타원형의 방호벽 상부에 연조를 설치하고 주위 호의 흔적이 확인되는 포항 뇌성봉수(磊城烽燧), 연대 없이 타원형 혹은 방형의 방호벽만 갖추고 있어 봉수로서의 기능이 의심되는 거제 지세포봉수(知世浦烽燧)·능포봉수(菱浦烽燧), 통영 한배곶봉수(閑背串烽燧), 입지적으로 해안과 멀리 떨어져 해발고도가 높은 내지지역임에도 연변봉수의 구조·형태를 띠고 있는 함안 파산봉수(天王岵烽燧)·안곡산봉수(安谷山烽燧), 영덕 광산봉수(廣山烽燧) 등 봉수의 성격을 단정하기 곤란한 경우도 있다.

 따라서 봉수의 구조·형태적인 면에서 매우 다양하게 독특한 특징을 지니고 있는 이 지역 봉수의 중요성과 학술적인 가치는 매우 크다.

● 직 봉

1. 부산 응봉봉수

응봉봉수(鷹峰烽燧)는 부산시 사하구 다대동의 해발 233.7m인 두송
산[아미산] 정상에 위치하고 있다. 봉수제가 운영되던 당시 남쪽으로
낙동강 하구 일대와 다대포진(多大浦鎭) 및 몰운대(沒雲臺) 앞의 바
다를 조망하며 왜선(倭船)의 동태를 한눈에 감시할 수 있는 해망의
요지로서 유사시 거화를 하기에 적합한 곳이다. 또 남쪽으로 멀리 거
제도 연안과 대마도까지 관망할 수 있는 입지조건이 양호한 반면
동·북쪽으로는 산지로 막혀 있다.

초축시기는 조선 중기이며, 조선시대 봉수제가 운영되던 당시 5거의
봉수노선 중 제2거 직봉노선의 봉수가 초기하는 곳으로서 중요성이
매우 컸던 곳이다. 대응봉수는 동쪽으로 부산진구 전포동 소재의 황령
산봉수(荒嶺山烽燧)에 응하였다.

봉수는 1976년 10월 복원공사를 통해 원래의 모습을 상실한 상태인
데, 서쪽과 북쪽에 2개소의 계단식 출입시설을 마련하였다. 백색화강
암 석재를 사용하여 부정 마름모의 7각 형태로 복원하였으며, 높이는
90~150cm가량이다. 봉수 내부 중앙에는 단지 상징적인 의미로 원형
지름 204cm, 깊이 30cm가량인 1개소의 인위적인 연소시설을 만들어
놓았다. 서쪽으로는 건물지가 있었던 것으로 추정되는 평탄지가 있다.

---

* 다대포진(多大浦鎭): 낙동강 하구 최남단에 위치하며 조선시대에는 압록강
  변의 만포진(滿浦鎭)과 함께 국방의 요충지를 이루었던 곳이다.
* 몰운대(沒雲臺): 임진왜란 때 이순신(李舜臣) 장군의 선봉장으로 이곳 앞

바다에서 순국한 충장공(忠壯公) 정운(鄭運)의 순절을 기리는 유적비와 임
진왜란 때 전공을 세운 윤흥신(尹興信)을 추모하여 제사를 지내는 윤공단
(尹公壇)이 있다.

사진IV-1. 부산 다대포 응봉봉수 복원된 모습

2. 부산 황령산봉수

황령산봉수(荒嶺山烽燧)는 부산시 남구 대연동과 부산진구 전포동
의 해발 310m인 황령산 정상에 위치하고 있다. 봉수가 위치하는 산
정상은 사방을 조망하기에 양호한 곳으로 후망의 요지이자 봉수대 앞
의 바다를 통해 침입하려는 왜선(倭船)의 동태를 파악하여 유사시 거
화를 하기에 적합한 곳이다.

초축시기는 고려시대이며, 봉수노선과 성격상 제2거 직봉노선의 연
변봉수이다. 대응봉수는 초기에는 서쪽으로 석성봉수(石城烽燧), 동쪽

으로 간비오봉수(干飛烏烽燧)에 응하였으나, 후기에는 노선의 변동으로 인해 구봉봉수(龜峰烽燧)에서 신호를 받아 계명산봉수(鷄鳴山烽燧)에 응하였다.

부산시에서 1976년 개항 100주년을 기념하기 위하여 5개소의 연조와 4각형의 화구 및 원형 화덕 5개소가 설치된 부뚜막 형식으로 복원돼 있다.

사진Ⅳ-2. 부산 황령산봉수의 복원된 모습

* 간비오봉수(干飛烏烽燧): 부산시 해운대구 우1동의 해발 147.9m인 야산 정상에 위치하며 조선시대 제2거 간봉(1)노선의 연변봉수가 초기(初起)하는 곳으로서 부산시 기장군 소재 남산봉수(南山烽燧)에 응하였다.

* 계명산봉수(鷄鳴山烽燧): 부산시 금정구 노포동 계명봉 중턱에 위치하는 조선시대 제2거 직봉노선의 내지봉수이다. 황령산봉수(荒嶺山烽燧)에서 신호를 받아 양산 위천봉수(渭川烽燧)에 응하였다. 제2거 직봉노선의 봉수가 내지화하는 시초의 봉수로서 의미가 있으나, 현재는 복원을 통해 원래의 모습을 알 수 없는 상태이다.

● 간 봉

1. 부산 남산봉수

남산봉수(南山烽燧)는 부산시 기장군 기장읍 죽성리의 해발 225m 인 봉대산(烽臺山) 정상에 위치하고 있다.

초축시기는 고려시대이며, 봉수노선과 성격상 제2거 간봉(1)노선의 연변봉수이다. 대응봉수는 조선 초기에 남쪽 간비오봉수(干飛烏烽燧) 에서 신호를 받아 북쪽으로 기장 임랑포봉수(林郎浦烽燧)에 응하였으 나, 후기에 임랑포봉수가 폐지된 후 아이봉수(阿爾烽燧)와 연결되었 다. 봉수의 형식분류상 연대형이다.

원형의 연대 상부에는 석축으로 장방형의 연소실이 확인되는데 내 부는 잡석으로 채워져 있다. 연대 하단부 서쪽으로는 과거 봉수군의 주거지로 여겨지는 넓은 평지가 있다.

사진Ⅳ-3. 부산 남산봉수 연대

사진Ⅳ-4. 부산 남산봉수 연대 상부 연소실

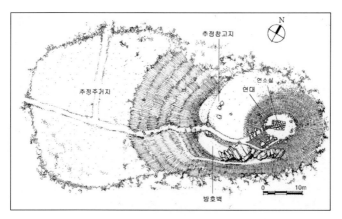

도면Ⅳ-1. 부산 남산봉수 평면도(이철영 작성)

2. 부산 임랑포봉수

임랑포봉수(林郞浦烽燧)는 부산시 기장군 장안읍 문동리의 해안과
인접한 산정상에 위치하며 유지가 온전하게 남아 있다.

초축시기는 고려시대이며, 대응봉수는 동쪽과 북쪽으로 아이봉수(阿爾烽燧)와 이길봉수(爾吉烽燧)에 응하였다. 봉수의 형식분류상 연대+호형에 속한다.

연대는 평면이 말각방형이며 하단부 석축에 상부는 토축이다. 봉수의 규모는 하단부의 직경이 동서 8.5m, 남북 10m가량이다. 연대의 외곽에서 5~7m 밖으로는 평탄지이며 능선이 내려오는 서남쪽에서 북쪽으로는 폭 3m, 깊이 1.5m 정도의 호가 둘러져 있다.

사진Ⅳ-5.
부산 임랑포봉수

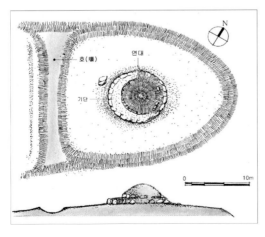

도면Ⅳ-2.
부산 임랑포봉수
평·단면도(이철영 작성)

3. 부산 아이봉수

아이봉수(阿爾烽燧)는 부산시 기장군 장안읍 효암리의 해발 129.2m
인 봉대산(烽台山) 정상부에 위치하고 있다. 부산시에 소재하는 12개
소의 봉수 중 보존상태가 가장 양호하며 석축의 원형 연대와 방호벽
및 호가 잘 남아 있는 봉수이다. 봉수의 형식분류상 연대+방호벽+호
형에 속한다.

사진Ⅳ-6.
부산 아이봉수 연대

조선 전(全) 시기를 통해 아소포봉화(阿尒浦烽火), 아이포봉수(阿爾
浦烽燧), 아시포봉수(阿示浦烽燧) 등으로 통용되었다. 현재 부산시 기념
물 제38호로 지정되어 있으며 이길봉수대(爾吉烽燧臺)로 지칭되고 있다.

초축시기는 고려시대이며, 봉수노선과 성격상 간비오(干飛烏)에서
초기한 제2거 간봉(1) 노선의 연변봉수가 기장 남산봉수(南山烽燧)를
거쳐 아이봉수에 도착하면 울산, 경주, 장기, 영일, 흥해, 청하, 영덕,
영해 등의 여러 봉수를 거쳐 직봉노선인 안동 봉지산봉수(峰枝山烽
燧)에서 합해진 다음 최종 서울의 목멱산봉수(木覓山烽燧)에 전달되

었다. 1997년 12월 11일부터 동년 12월 31일까지 학술기관에 의해 시굴조사 후 정비·복원이 이루어졌다.

조사를 통해 봉수의 전체적인 평면형태는 원형(圓形)으로 봉수는 중앙의 연대와 일정한 거리를 두고 직경이 약 30m가량인 환상의 방호벽과 그 외곽으로 호(壕)가 둘러싸여져 있다. 최근에 쌓은 것으로 보이는 북쪽의 담장을 제외하고는 비교적 원상을 잘 간직하고 있다.

보존상태가 양호하게 남아 있었던 만큼 봉수는 부산지역 내 타 봉수에 비해 중요성이 강조되어 조사가 많이 이루어졌다. 원형 연대 상부의 중앙에는 거화를 하였던 방형(方形)의 연소실(燃燒室)이 잔존하며, 연대와 방호벽을 연결하는 연결로가 확인된다.

사진 Ⅳ-7.
부산 아이봉수 연대
상부 연소실

* 부산지역 소재 봉수: 부산지역의 봉수는 모두 제2거 노선의 봉수로 직봉 5
  개소, 간봉 7개소이며, 이 중 직봉인 오해야항봉수는 위치불명이다.(直烽:
  石城·鷹峰·龜峰·吾海也項·鷄鳴山, 間烽 : 荒嶺山·干飛烏·南山·林乙
  郞浦·阿爾·煙臺山·省火禮山)

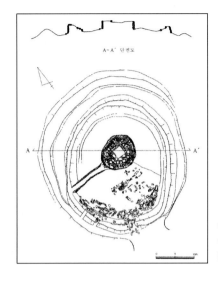

도면Ⅳ-3.
부산 아이봉수 평·단면도
(부산광역시립박물관)

4. 부산 천성보봉수

천성보봉수(天城堡烽燧)는 부산시 강서구 천성동 가덕도의 해발 459.4m인 연대봉 정상에 위치하고 있다. 조선 전(全) 시기 지지서의 기록을 통해 가덕도응암연대봉화(加德島鷹巖煙臺烽火)·가덕도응암봉화(加德島鷹嵒烽火)·가덕도봉수(加德島烽燧) 등 여러 이름으로 통용되었다. 조선 후기의 지지서인『증보문헌비고(增補文獻備考)』에는 천성보봉수(天城堡烽燧)로 기록되어 있으며, 현재는 연대산봉수대(煙臺山烽燧臺)로도 통용되고 있다.

초축시기는 고려시대이며, 축조목적은 대마도 방면에서 침입해오는 왜구의 침입을 사전에 감지하여 인근 영진과 봉수에 알리기 위함이다. 봉수노선과 성격상 초기에는 남쪽으로 성화야봉수(省火也烽燧)에만 응하였으나, 이후 서쪽으로 사화랑산봉수(沙火郞山烽燧)에 응하는 노선이 신설되었다. 최후기에는 제2거 간봉(6)노선의 연변봉수가 초기하

는 곳으로서 사화랑봉수(沙火郞
烽燧)에 신호를 전달하였다.

봉수는 비교적 원형이 잘 남아
있는데 강서구청에 의해 1996년
3단의 원통형 모양으로 복원된
연대의 옆 바위 절벽 상부에 원
래의 석축 연대가 위치하고 있다.

* 성화야봉수(省火也烽燧): 부산시
    강서구 생곡동의 해발 277.8m인
    봉화산(烽火山) 정상부에 위치하
    는 제2거 간봉노선의 봉수이다.
    초축시기는 고려시대이며, 현재는
    복원으로 인해 원형을 알 수 없다.

사진Ⅳ-8. 부산 천성보봉수 연대

5. 울산 이길봉수

이길봉수(爾吉烽燧)는 울산시 울주군 서생면 나사리의 해발 121.2m
인 봉대산(烽臺山) 정상에 위치하고 있다. 현재 봉수 본래의 고유 명
칭 대신 지정 당시 소재하는 행정구역 명칭에서 비롯된 서생(西生)
나사봉수대(羅士烽燧臺) 명칭으로 울산광역시 기념물 제15호로 지정
되어 있다.

초축시기는 고려시대이며, 봉수노선과 성격상 제2거 간봉(1)노선의
연변봉수이다. 대응봉수는 조선 초기에는 단지 북쪽의 하산봉수(下山
烽燧)로만 응하는 단일노선이었다. 이후 북쪽으로 가리산봉수(加里山
烽燧)와 서쪽으로 아이봉수(阿爾烽燧)에 응하는 노선이 신설된 이후

조선 후기에는 동래 간비오(干飛烏)에서 초기(初起)하는 제2거 간봉
(1)노선의 4번째 연변봉수로서 南山→阿爾→爾吉→下山→加里를
경유하여 안동 봉지산봉수(峰枝山烽燧)에 합쳐지도록 노선이 설정되
었다.

사진Ⅳ-9.
울산 이길봉수 연대

봉수는 울산시 울주군 서생면 나사리 31번 국도상의 남북 장축을
이루는 나지막한 구릉에 연변봉수의 원형복원이 가능할 정도로 유지
가 잘 남아 있다. 이곳에서 보면 사방을 조망하기 용이하며 남쪽으로
는 멀리 대마도가 바라보인다. 형태상 남해군 창선면의 대방산봉수(臺
方山烽燧)와 형태가 유사하여 좋은 비교대상이 된다. 봉수의 형식분류
상 연대+방호벽+호형에 속한다.

연대의 평면형태는 말각방형에 가까우며 하부 둘레 30m가량, 높이
는 250cm 내외이다. 연대의 동쪽은 많이 허물어진 상태이나 남쪽이
비교적 양호하게 잘 남아 있다.

연대 상부 중앙에는 원형의 연소실이 잘 남아 있는데 직경 220~
230cm, 높이 60~70cm, 상부 폭 80cm가량이다. 또한 남쪽과 북쪽에 걸쳐

상부 폭 90cm가량의 단면 ∪자형 출입시설이 있으며, 연대 주위에는 남
쪽을 제외한 3면에 방어용 호 시설이 있는데 폭 350cm가량이다.

사진Ⅳ-10.
울산 이길봉수 연대
상부 연소실

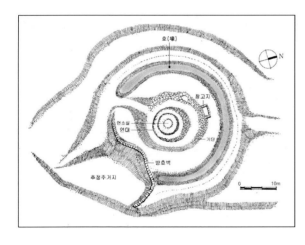

도면Ⅳ-4.
울산 이길봉수 평면도
(이철영 작성)

* 『경상도지리지(慶尙道地理志)』: 세종 6년(1424)에 호조(戶曹)가 경상감영
   (慶尙監營)에 도지(道誌)를 찬정(撰定)하라는 명령을 내린 지 1년 만인 이
   듬해 12월에 대구지군사(大丘知郡事) 금유(琴柔), 인동현감(仁同縣監) 김
   빈(金鑌)이 편찬하여 춘추관(春秋館)에 바친 경상도의 도지.

* 『신증동국여지승람(新增東國輿地勝覽)』: 중종 25년(1530) 6월에 이행(李
荇) 등에 의해 이전의『동국여지승람(東國輿地勝覽)』을 증보하여 총 55권
으로 편찬된 관찬 지지서.

6. 울산 하산봉수

하산봉수(下山烽燧)는 울산시 울주군 온산읍 강양리의 해발 132.4m
인 산정에 위치하며 울산광역시 기념물 제36호로 지정되어 있다.

초축시기는 고려시대이며, 봉수노선과 성격상 2거 간봉(1)노선의 연
변봉수이다. 대응봉수는 조선 초기에는 단지 북쪽의 가리봉수(加里烽
燧)에 응하는 단일노선이었으나, 16세기 초엽에 서쪽으로 이길봉수(爾
吉烽燧)에 응하는 노선이 신설된 이후 조선 후기까지 노선의 변동이
없이 유지되었다.

현재 봉수는 군부
대 내에 위치하여 사
람들의 접근이 용이
하지 않은 관계로 비
교적 그 유지가 잘
남아 있다. 이곳에서
보면 서쪽은 산지로
막힌 채 바로 아래
회야강이 흐르고 있

사진Ⅳ-11. 울산 하산봉수 연대

는 반면 나머지 3면은 바다로 둘러싸여 있어 주변을 조망하기 용이하다.
또한 남쪽으로 인접하여서는 서생포왜성, 서생포진성 등이 위치하고 있
다. 입지적으로 울산만, 일본, 대마도를 최일선에서 조망할 수 있는 곳이다.

봉수의 형식분류상 연대형이다. 연대의 평면형태는 하부 방형에 상
부 원형이며 축조상 토·석 혼축이다. 연대 남쪽 하단부에는 민묘 1기
가 안장되어 있으며 남서와 동남 하단부에는 대나무 숲이 울창하다.

7. 울산 가리봉수

가리봉수(加里烽燧)는 울산시 남구 남화동의 해발 129.1m인 봉대산
(烽臺山) 정상에 위치하는 제2거 간봉(1)노선의 연변봉수이다. 달리
가리봉화(加里烽火)·가리산봉수(加里山烽燧)로도 호칭되었다.

사진Ⅳ-12. 울산 가리봉수 연대

초축시기는 고려시대이며, 대응봉수는 조선 초기에는 단지 북쪽의
천내봉수(川內烽燧)로만 응하는 단일노선이었다. 이후 천내봉수에 응
하는 노선은 변동이 없는 대신 서쪽으로 하산봉수(下山烽燧)에 응하고

북쪽으로 경주 대점봉수(大岾烽燧)에 응하는 노선이 신설되었다. 후기
에는 북쪽으로 경주부 대점봉수에 응하던 노선이 폐지되고 서로 하산
봉수, 동으로 천내봉수에 응하는 노선이 최종 봉수제가 폐지될 때까지
지속되는 등 조선 전 시기를 통해 봉수노선의 치폐가 두드러졌다.

　현재 봉수는 울산시 남구 남화동의 해안도로변 SK가스 울산기지고
압가스 시설보호구역 내에 위치하고 있다. 산 정상은 지형상 남북 장
축을 이루며 서쪽을 제외한 3면이 해안인 관계로 4방을 조망하기 용
이한 곳이다. 또한 동쪽에 울산만(蔚山灣)을 사이에 두고 천내봉수와
인접하고 있다.

　봉수의 형식분류상 연대형으로서 연대 내부는 과거 발칸포부대 지
휘소의 시설마련시 훼손된 상태이다. 잔존 연대는 남북 장축의 타원형
으로 잔존 높이 1.2m, 연대 하부 둘레 44m가량의 토축이다.

8. 울산 천내봉수

　천내봉수(川內烽燧)는 울산시 동구 화정동의 해발 98.4m인 산정에
위치하며 울산광역시 기념물 제14호로 지정되어 있다.

　초축시기는 고려시대이며, 봉수노선과 성격상 제2거 간봉(1)노선의
연변봉수이다. 대응봉수는 조선 초기에는 단지 북쪽의 남목봉수(南木
烽燧)에만 응하는 단일노선이었으나, 이후 서쪽으로 가리봉수(加里烽
燧)에 응하는 노선이 신설된 이후 줄곧 변동 없이 유지되었다.

　봉수는 울산시 동구 화정동의 해발 98.4m가량인 나지막한 구릉 정
상에 유지가 잘 남아 있다. 울산과학대학교 청운체육관 전의 좌측에
안내판을 통해 봉수의 위치를 쉽게 확인할 수 있다. 입지상 울산지역
8개소의 봉수 중 해발높이가 가장 낮은 곳에 위치하고 있다. 사방을

조망하기 양호한 위치로서, 남쪽은 바로 해안과 인접하고 있다.

  봉수의 형식분류상 연대+호형으로서 축조상 원형(圓形)의 토석혼축 연대는 방호시설인 내호와 외호를 잘 갖추고 있는 대형 봉수이다.

사진Ⅳ-13. 울산 천내봉수 연대

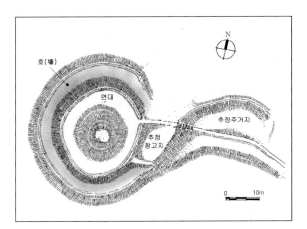

도면Ⅳ-5. 울산 천내봉수 평면도(이철영 작성)

9. 울산 남목봉수

사진Ⅳ-14.
울산 남목봉수
복원 연대

남목봉수(南木烽燧)는 울산시 동구 주전동의 해발 192m인 산 정상에 위치하고 있으며 울산광역시기념물 제3호로 지정되어 있다.

초축시기는 고려시대이며, 봉수노선과 성격상 제2거 간봉(1)노선의 연변봉수이다. 봉수명칭상 시기별로 남목봉화(南木烽火) → 남목천봉수(南木川烽燧) → 남옥봉수(南玉烽燧) → 남목봉수(南木烽燧) 등 여러 이름이 있으며, 현재는 행정구역 명칭에서 비롯된 주전봉수대로 통칭되고 있다.

대응봉수는 조선 초기에는 단지 북쪽의 유등포봉수(柳等浦烽燧)로만 응하는 단일노선이었다. 이후 서쪽으로 천내봉수(川內烽燧)에 응하는 노선이 신설되었으며, 후기에는 종전의 서쪽으로 응하는 천내봉수 외에 동쪽으로 경주 하서지봉수(下西知烽燧)에 응하는 노선이 최종 봉수제가 폐지될 때까지 지속되는 등 조선 전 시기를 통해 봉수노선의 치폐가 두드러졌다.

현재 봉수는 복원으로 인해 원래의 모습이 아니지만 과거 봉수제가

운영되던 당시 남목봉
수대의 운영 실상을 알
수 있는 귀중한 자료가
발굴되어 가치가 크다.
발견 이후 주전봉수대
관련고문서(朱田烽燧
臺關聯古文書) 명칭으로
서목을 포함한 13점의
문서는 울산시 문화재

사진Ⅳ-15. 울산 남목봉수 별장서목

자료 제16호로 지정되어 봉호사(峰護寺)의 박호수(朴好壽) 씨에 의해
보호되고 있다.

최근의 연구결과에 의하면 봉수제가 운영되던 조선 후기에 남목봉
수는 당시 울산지역 5개소의 봉수 중 봉수군역의 임무를 감내하지 못
하고 봉수를 이탈하여 도망간 경우가 가장 많았다고 한다. 이는 해발
고도가 높아서 봉수군이 출퇴근하기 힘들었는데다 봉수군이 봉수 인
근지역, 즉 동면(東面)의 주민들로 구성된 것이 아니라 유포(柳浦)지
역의 주민들로 구성되어 있어서 출퇴근 거리가 상대적으로 원거리에
따른 근무의 고난에 기인한 것으로 보고 있다.

10. 울산 유포봉수

유포봉수(柳浦烽燧)는 울산시 북구 당사동의 해발 173.5m인 우가산
(牛家山) 정상부에 위치하고 있다. 입지상 동쪽으로는 바로 해안과 인
접하고 있으나, 나머지 3면은 산지(山地)로 막혀 있다. 봉수명칭상 조
선전기에 일시 유등포봉화(楡等浦烽火)로 통용되기도 하였다. 현재 울

산광역시 기념물 제13호로 지정되어 있다.

초축시기는 고려시대이며 조선전기 『경상도지리지(慶尙道地理志)』 (1425)에 처음 기록되어 있으나, 『학성지(鶴城誌)』(1749)의 발간을 전후하여 폐지된 봉수이다. 봉수노선과 성격상 제2거 간봉노선의 연변봉수이다.

대응봉수는 조선 초기에는 단지 북쪽의 경주 안산봉수(顔山烽燧)로만 응하는 단일노선이었다. 이후 종전의 안산봉수 대신 북쪽으로 경주 하서지봉수(下西知烽燧)에 응하고 다시 남쪽으로 남목천봉수(南木川烽燧)에 응하는 새로운 노선의 신설 이후 『학성지(鶴城誌)』(1749)의 발간을 전후하여 폐지될 때까지 남목천→유포→하서지로 응하는 노선이 설정되는 등 봉수노선의 치폐가 두드러졌다.

봉수는 보존상태가 양호한데 연대를 둘러싸고 있는 방호벽이 국내 최대의 규모로서 가치가 크다. 봉수는 평지에 높이 50~60cm가량의 토·석혼축 기저부를 마련하고 그 위에 원형의 석축 연대를 축조하여 단면 '凸'형태를 보이고 있다. 또한 연대 주위에는 말각 방형의 석축 방호벽이 넓게 둘러져 있다. 방호벽은 해안과 인접한 동쪽이 거의 남-북으로 직각을 이루며, 나머지는 타원형을 이루면서 거의 말각 방향에 가까운 형태이다. 현재 동북쪽의 석축이 높이 1.5m, 너비 60cm 내로 잘 남아 있는데 허튼층 막쌓기로 단기간에 축조된 듯하다. 연대는 동남쪽에 치우쳐 바로 해안과 인접하고 있는데, 높이 3~3.5m가량으로 일부 상부의 석재가 하부로 흘러내려 형태가 뚜렷하지 않다. 오름시설은 나선형(螺旋形)이며 연대 상부 중앙에는 직경 180~200cm가량의 원형 연소실이 마련되어 있다. 연대 주변의 석재는 일부 적갈색으로 산화되어 불 먹은 흔적이 뚜렷한데 편마암(片麻巖) 계통과 해수석(海水石)으로 이 지역에서 산출되는 석재이다. 또한 연대 주변으로 일부 수마석(水磨石)이 채집되고 있다. 출입시설은 서쪽에 석축으로 높이 1m, 하부 폭 180cm가량으로 뚜렷하며, 남서쪽에도 출입시설의 흔적이 확인된다.

사진Ⅳ-16. 울산 유포봉수 방호벽과 연대 전경

사진Ⅳ-17.
울산 유포봉수
연대 상부
연소실

연대에서 서북쪽으로는
민묘 2기가 나란히 안장되
어 있으며, 남서쪽으로는
방호벽 내 넓은 평지상에
경작흔적이 확인된다. 반
면 동북쪽에 바로 해안과
인접한 곳은 방호벽에 인
접하여 평지가 협소한 편
이다.

봉수의 전체적인 규모
는 토·석혼축의 연대 하
단부 둘레 89.6m, 석축

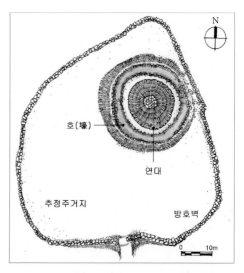

도면Ⅳ-6. 울산 유포봉수 평·단면도(이철영 작성)

연대 하단부 둘레 43.7m가량이며, 연대를 둘러싼 석축 방호벽은 동서
56.2m, 남북 59.4m, 전체 둘레 216m가량으로 현존하는 국내 봉수 중
방호벽의 둘레가 가장 넓다.

11. 거제 강망산봉수

강망산봉수(江望山烽燧)는 경남 거제시 덕포동의 해발 361m인 강
망산에서 동쪽으로 1.3km 정도 뻗어 내린 구릉이 약간 평지를 이루는
해발 228.7m 지점에 위치하고 있으며 경상남도 기념물 제202호로 지
정되어 있다.

초축시기는 문헌기록이 없어 불명확하나 최근 발굴조사를 통해 15
세기대에 초축되어 18세기대에 개축이 있었다고 보고된 바 있다. 봉수
의 원래 명칭은 『대동여지도(大東輿地圖)』에 표기된 율포의 가을곶봉

수로 비정되고 있다. 봉수노선과 성격상 제2거 간봉노선의 연변봉수이
다. 봉수의 형식분류상 연대+연조형으로서 연대 내부에 규모가 큰 연
소실이 잔존하고 있다.

사진Ⅳ-18. 거제 강망산봉수 항공사진(동아세아문화재연구원)

연대는 평면형태가 남-북 장축의 말각장방형이다. 규모는 직경이
동서 12.5m, 남북 15.3m이고 높이는 지형에 따라 3.9~4.5m 정도이다.
연대의 오름시설은 북동 모서리에서 서벽 상단의 남쪽으로 돌아 올라
가는 나선형이었을 것으로 추정된다. 연대 상부의 연소실은 움푹 패인
'凹'자 형태를 띠고 있다. 연소실의 평면형태는 복주머니 형태이며 규
모는 동서 5m, 남북 6.5m 정도이며 내부 바닥에서 연대 최상단까지의
높이는 2.2m이다. 연소실의 내부에는 저장소 혹은 작업대로 사용한
장방형 혹은 방형상으로 생긴 3개의 구조물과 연소실의 북서쪽에 산
토와 마사토를 사용해 판축으로 쌓은 구조물이 있다.

연조는 연대의 북서쪽 경사가 약간 올라가는 지점에 6개소가 있다. 전반적인 형태가 외방내원(外方內圓)형으로 규모는 외측이 3~4m, 내축의 연조부가 1.6~8m 정도이다. 이러한 연조시설의 형태는 내지봉수인 성남 천림산봉수(天臨山烽燧)에서도 발굴조사를 통해 확인된 바 있어 내지·연변봉수의 일반적인 축조형태였던 것으로 추정된다. 각 연조 간 거리는 4~6.5m로 평균 5m의 거리를 두고 배치되어 있다.

발굴조사 후 복원으로 인해 원형을 상실하였다.

도면Ⅳ-7.
거제 강망산봉수
평면도
(동아세아문화재연구원)

사진Ⅳ-19. 거제 강망산봉수 연조군 전경(동아세아문화재연구원)

12. 거제 능포봉수

능포봉수(菱浦烽燧)는 경남 거제시 능포동의 해안가에 위치한 해발 178.3m인 산정에 위치하고 있다. 산정은 남-북 장축의 능선을 이루고 있는데 북쪽 끝부분에 봉수가 축조되어 있다. 조망상 남쪽을 제외한 3면의 시야확보가 용이하며, 옥포만(玉浦灣)을 사이에 두고 옥포동을 바라보는 위치이다. 2000년 2월 등산로 개설과 함께 정비하면서 복원이 이루어진 상태이다.

초축시기는 문헌기록이 없어 불명확하나 임진왜란 당시 옥포 조라진(助羅鎭)의 별망(別望)으로 멀리 가덕도와 대한해협을 조망할 수 있어 왜구의 침입을 사전에 탐지하고자 조선 후기에 축조한 것으로 여겨진다.

봉수는 평면이 남-북으로 길쭉한 계란형의 석축이며 특이하게도 내부가 비어 있다. 따라서 현재로서는 복원된 계란형의 석축이 방호벽

(防護壁)인지 혹은 연대(煙臺) 그 자체인지는 불확실하다. 문제는 이러한 형태의 봉수가 동 지역의 지세포봉수(知世浦烽燧)와 통영 한배곶봉수(閑背串烽燧) 및 포항 뇌성봉수(磊城烽燧), 전남 고흥의 일부 봉수에서도 확인된다는 점이다. 축조시기라든가 축조 주체에 의한 형태적 차이로 여겨진다. 봉수의 남쪽 중앙부에는 내부로 하강하는 계단상의 석축시설이 4단으로 1개소 마련돼 있는데 폭은 0.8m이다.

복원된 봉수의 규모는 외부직경이 동서 11.3m, 남북 18m, 내부직경이 동서 7.8m, 남북 13.1m가량이며, 석축 상단의 폭은 1.8~1.9m, 높이는 내부가 0.8m, 외부가 0.7m가량이며, 전체 둘레 46.5m이다.

사진Ⅳ-20. 거제 능포봉수(복원)

13. 거제 지세포봉수

지세포봉수(知世浦烽燧)는 경남 거제시 일운면 지세포리의 해발 214m인 산정에 위치하며 경상남도 기념물 제242호로 지정되어 있다. 바로 북쪽으로는 조선전기에 축성된 포곡식의 석축성인 지세포성(知世浦城)이 인접하고 있다.

초축시기는 문헌기록이 없어 불명확하나 지세포성과 동일시기인 조선시대로 여겨진다. 봉수는 평면 원형의 석축으로 내부가 비어 있어 동 지역의 능포봉수(菱浦烽燧)와 형태가 유사하나 규모는 훨씬 대형이다. 방호벽의 석축 사이에는 수마석(水磨石)이 채집되고 있다. 방호벽 상부는 북동쪽이 가장 양호한 상태이며, 상부 폭은 약 1.5~2m 정도이다. 반면 외벽은 많이 허물어진 상태이며 전체적으로 바깥으로 비스듬히 경사를 이루고 있다. 규모는 동서 20.2m, 남북 24m 정도이며 높이는 내부 지면에서 최대 1.4m 정도가 남아 있다.

사진Ⅳ-21.
거제 지세포봉수
내부모습

방호벽의 남서쪽에는 원형의 우물지로 추정되는 함몰부가 있는데 지름은 1.8m, 깊이는 70cm 정도이다. 석재를 원형으로 돌린 흔적이 전체적으로 남아 있다.

출입시설은 남쪽과 북쪽에 계단식(階段式)으로 형태가 뚜렷하게 남아 있다. 각각의 폭은 1.1~1.4m이다.

봉수의 평면 구조·형태나 계단식 출입시설로 보아 포항 뇌성봉수
(磊城烽燧)와 매우 유사하여 좋은 비교대상이 된다.

사진Ⅳ-22.
거제 지세포봉수
동쪽 출입시설

14. 거제 와현봉수

와현봉수(臥縣烽燧)는 경남 거제시 일운면 지세포리 한국석유공사
거제지사 내에 있는 해발 303.3m인 망산 정상에 위치하고 있으며 경
남기념물 제243호로 지정되어 있다. 입지상 사방의 조망이 가능하다.

초축시기는 문헌기록이 없어 불명확하나 조선시대로 여겨진다. 봉수
는 평면 원형의 연대와 그 외곽으로 방호벽을 둘렀으며 방호벽 바깥
서북쪽에 연조를 시설하였다. 봉수의 형식분류상 연대+연조+방호벽
형에 속한다. 연대 벽석과 방호벽은 함몰이 심하지만 일부 상태가 온
전한 부분도 있다.

연대는 서쪽의 석축이 양호하게 남아 있다. 크기 46×20, 50×16,
60×13cm의 치석한 직방형 석재를 이용하여 15~20단가량 2.8m의 높
이로 쌓아 올렸으며 사이에는 작은 돌로 채워 넣었다. 상부는 별다른

시설은 확인되지 않으며 시멘트 삼각점이 2개소 설치되어 있다. 연대의 북쪽에는 폭 1.7m의 나선형 오름시설이 희미하게 확인된다. 연대의 직경은 9.5m, 잔존 높이는 남서쪽의 경우 3.3m, 전체 하부둘레는 33.5m 정도이다.

연조는 연대 못 미쳐 좌측 풀숲에 3개소 가량이 일직선으로 확인된다. 직경 2.1m의 방형으로 4단가량 잔존하는데 높이는 0.7m가량이다. 확인되는 3개소 각 연조의 간격은 5~5.5m이다.

사진Ⅳ-23.
거제 와현봉수 연대

사진Ⅳ-24.
거제 와현봉수 연조
및 연대전경

15. 통영 미륵산봉수

미륵산봉수(彌勒山烽燧)는 경남 통영시 산양면 남평리 미륵도(彌勒島) 중앙부의 해발 461m인 미륵산(彌勒山) 정상부에서 남쪽으로 약 70m 떨어진 해발 454m의 미륵산 제2봉에 위치하고 있으며 경상남도 기념물 제210호로 지정되어 있다. 입지적으로 서쪽으로는 당포진과 사량도 및 동남쪽으로는 한산도와 거제의 견내량 및 멀리 쓰시마섬을 비롯한 주변 4방의 도서 연안을 조망하기 용이한 곳이다.

사진Ⅳ-25.
통영 미륵산봉수
전경

사진Ⅳ-26.
통영 미륵산봉수
연대 석축

초축시기는 고려시대이며, 봉수노선과 성격상 제2거 간봉(2)노선의 연변봉수이다. 대응봉수는 시기별로 동쪽의 거제 계룡산봉수(鷄龍山烽燧)와 가라산봉수(加羅山烽燧)에서 신호를 받아 북쪽의 통영시 도산면 소재 우산봉수(牛山烽燧)에 응하였다. 봉수의 형식분류상 연대형이다.

봉수에 대한 사서의 기록은 조선 세조 13년(1467) 3월에 당포 미륵산의 봉수군 오중산(吳仲山)이 경상도 해변에 왜선의 출몰을 알린 사실이 전하고 있다.

봉수는 1999년 발굴조사 후 보고서가 발간되었는데 미륵산의 제1봉에 위치하는 길이 30m, 너비 11~13m 정도 규모의 암반을 봉수대라 보고 암반상에 있는 전체 길이 3.8m, 폭 1.8m, 깊이 0.8m의 유구를 화구부 및 연소부로 해석하였다. 또한 미륵산 제2봉의 정상부에 위치하는 석축유구를 부속건물지로 해석하였다.

사진Ⅳ-27. 통영 미륵산봉수 건물지

필자가 보기에는 미륵산 제1봉의 암반상에 있는 유구는 봉수와 아무런 관련이 없는 유구로 보이며, 미륵산 제2봉의 부속 건물지로 해석한 석축 유구가 실제 미륵산봉수의 연대로 보인다. 또한 봉수와 관련된 건물지는 실제로는 미륵산 제1봉의 하단부에 해안을 향하여 있는 소규모 평지이다.

발굴조사를 통해 기와·토기·옹기·자기류와 방어용 투석도구인 수마석(水磨石) 등이 출토되었다.

이 외에도 가장 남쪽에 위치한 봉수에서 북쪽으로는 일정한 거리를 두고 총 5개소의 독립된 바위암반 봉우리가 남－북 일렬로 솟아 있는데, 이 중 중앙에 위치한 3봉의 경우 측면에 부분적으로 석축의 흔적이 남아 있다. 이를 통해 왜구의 해안을 통한 대규모 침입이나 상륙과 같은 위급 시 미륵산 정상부에 남－북 일렬로 있는 5개소의 봉우리는 그 자체가 거화나 각 방면으로 조망의 기능을 하기에 충분한 연대 혹은 망대의 구실을 하였던 것으로 추정된다.

사진Ⅳ-28. 통영 미륵산봉수 3봉 연대 상부

* 가라산봉수(加羅山烽燧): 경남 거제시 남부면 다대리의 해발 585m인 가라
  산 정상부에 소재하며 제2거 간봉(2)노선의 연변봉수가 초기하는 곳이다.
  봉수는 군헬기장의 설치로 인해 훼손된 상태이며, 주위 방호 석축은 양호
  하게 남아 있다. 경남기념물 제147호로 지정되어 있다.

16. 통영 우산봉수

  우산봉수(牛山烽燧)는 경남 통영시 도산면 수월리의 해발 325.5m인
봉화산(烽火山) 정상에 위치하고 있다. 입지상 경남 남해안 지역의 연
변봉수로서는 상당히 고지대에 위치(325.5m)하는데 이는 봉수설치 시
봉수군의 조망 편의와 안전을 고려한 듯하다.

사진Ⅳ-29.
통영 우산봉수 연대
서쪽 부분

  초축시기는 고려시대이며, 축조목적은 입지 및 구조·형태를 통해
고려시대 혹은 그 이전에 대왜구방어 및 경보 목적 외에 주변 해역에
서 일어나는 정세를 요망하고자 초축된 것으로 여겨진다. 봉수노선과
성격상 제2거 간봉(2)노선의 연변봉수이자 제4거 간봉(4)노선의 연변
봉수가 초기하는 봉수이다. 대응봉수는 초기 서쪽으로 고성 좌이산봉

수(佐耳山烽燧), 북쪽으로 고성 천왕점봉수(天王岾烽燧)에 응하였으
나, 『신증동국여지승람(新增東國輿地勝覽)』(1530)의 발간을 전후하여
서는 기존 노선에 남쪽으로 미륵산봉수(彌勒山烽燧) 노선이 추가되어
3방면으로 응하였다. 이후 다시 『경상도읍지(慶尙道邑誌)』(1832)의 발
간을 전후하여서는 기존 서쪽으로 좌이산봉수에 응하던 노선이 철폐
되고 남쪽으로 미륵산봉수에서 받아 북쪽으로 천왕점봉수에만 대응하
는 등 대응봉수 노선의 변동이 심하였다.

봉수군 인원은 조선 후기인 1895년 발간의 『영남읍지(嶺南邑誌)』에
우산봉수가 속한 고성부 소속의 봉수는 各 봉수마다 별장(別將) 1인,
봉직(烽直) 1인이 배치되어 있었고 매삭(每朔) 10일 간격으로 일기
(日記)를 거행(擧行)했다.

사진Ⅳ-30.
통영 우산봉수 연대
상부 창고지

봉수의 형식분류상 연대형이다. 연대는 봉화산 동-서 능선상에 장
축 또한 이와 같으며 석축의 연대는 규모가 크다. 지형상 연대의 남쪽
과 북쪽은 급사면을 이루고 있다. 평면 타원형(橢圓形)으로 군데군데
허물어 졌으나 잔존상태 양호하다. 연대의 평면은 타원형이다. 잔존
연대의 규모는 동서 13m, 남북 10m, 높이 동쪽 2.6m, 서쪽 2.3m, 남

쪽 3.5m가량이다.

연대 상부 서북쪽에 치우쳐서는 직방형의 소규모 창고로 여겨지는 석축 구조물이 잔존하고 있다. 지금까지 조사된 바로 연대 상부에는 대개 방형 또는 원형의 연소실이 확인되나, 직방형의 소규모 창고로 여겨지는 석축 구조물 잔존사례 확인은 처음이다. 설혹 연소실로 판정되어도 직방형태는 현재까지 확인된 바로는 유일한 사례이다. 형태는 규모는 동－서 장축의 직방형이며 4.3×2.5m. 높이는 1.1m가량으로 석축 축조단수는 5내지 6단이다.

이 외에도 연대의 서쪽으로 약 50m의 거리 두고 4.7×2.6m 규모의 직방형 시설이 있는데 높이는 0.7m가량이며 자연절벽상 해안을 향하여 축조돼 있다. 안에 총안 시설이 있어 군 참호 혹은 창고지의 가능성이 있는데 좀 더 성격 규명이 필요하다.

사진Ⅳ-31. 통영 우산봉수에서 본 주변 해안 전경

17. 통영 사량진주봉봉수

사량진주봉봉수(蛇梁鎭主峯烽燧)는 경남 통영시 사량면 읍덕리 덕
동의 칠현산 망봉에 위치하며 달리 공수산봉수(供需山烽燧)로도 지칭
되고 있다. 서쪽을 제외한 3방향의 조망에 유리한 곳이다. 공수산 명
칭은 『여도비지(輿圖備志)』(1856)와 『대동지지(大東地志)』(1864)에서
확인되며 전후 지지서의 명칭은 사량진주봉(蛇梁鎭主峯)이다.

사진Ⅳ-32.
통영 사량진주봉봉수
연대 남쪽 부분

사진Ⅳ-33.
통영 사량진주봉봉수
연대 남쪽 하단부의
반구형 보강석

　초축시기는 『여지도서(輿地圖書)』(1760)의 발간시점을 전후한 18세
기 중엽이다. 축조목적은 임진왜란 이후 대왜구방어 및 경보 목적 외
에 주변 해역에서 일어나는 정세를 요망하면서 자체해안 방어 및 요
망에 주력하면서 중앙으로 전달하기 위함이다. 봉수노선과 성격상 제2
거 간봉(4)노선의 연변봉수이다. 대응봉수는 통영 우산봉수(牛山烽燧)
에서 신호를 받아 고성 좌이산봉수(佐耳山烽燧)에 응하였다. 봉수가
운영되던 당시 소속은 사량진에 속하였다. 봉수의 형식분류상 연대형
이며 연대 상부에는 원형의 연소실이 잔존하고 있다.

사진Ⅳ-34.
통영 사량진주봉봉수
위에서 본 모습

　연대는 칠현산 동쪽 3봉의 8부 능선 등산로에 위치하고 있다. 평면
상 전체적으로 방형(方形)의 석축이나, 동남쪽과 서북쪽 연대 하단 기
저부는 반구형 석축으로 보강한 특이한 형태이다. 연대의 규모는 동서
8m, 남북 7m, 높이가 동쪽 2.4m, 북쪽 2.6m가량이다.
　연소실은 연대 상부 중앙부에 원형 형태로 잔존하나 남쪽의 경우
반쯤 허물어진 상태이다. 규모는 직경이 동서 하부 1.4m, 상부 2.2m,
높이 0.8m이다.

사진 IV-35.
통영 사량진주봉봉수
연대 상부 연소실

18. 고성 좌이산봉수

좌이산봉수(佐耳山烽燧)는 경남 고성군 하일면 송천리의 해발 415.3m
인 산정에 위치하고 있다. 깎아 자른 듯한 절벽 상부의 바위 암반에 연
대와 건물지를 시설함으로써 거의 요새 수준의 봉수이다. 봉수에서 북
쪽 해안변으로는 소을비포진(所乙非浦鎭)이 조망되며 과거 왜선(倭船)
이 지나다니는 최일선 항로변에 축조됐던 봉수로서 입지상 4방을 조망
하기 좋은 곳이다. 현재 경상남도 기념물 제138호로 지정되어 있다.

초축시기는 고려시대이며, 봉수노선과 성격상 제2거 간봉(4)노선의
연변봉수이다. 대응봉수는 시기에 따라 다소 차이가 있는데, 최종 노
선은 통영 사량진주봉봉수(蛇梁鎭主峯烽燧)에서 신호를 받아 진주 각
산봉수(角山烽燧)에 응하였다. 봉수의 형식분류상 연대형이다.

봉수는 좌이산의 최정상부에 암반을 삭평하여 기반을 만들고 그 주
위에 석축을 쌓아 장방형의 연대시설을 하였다. 봉수 전체의 평면형태
는 동서방향으로 장방형의 지형을 일부 겹치게 하여 서로 포개놓은 듯
한 형태이다. 산의 정상부는 장방형의 연대를 축조하고 아래로는 장방

형으로 담장을 둘러 내부에 건물지를 축조했다. 연대는 장방형 석실형
태의 구조이며 바닥은 암반이다. 출입시설은 서남쪽 모퉁이에 폭 1m,
높이 0.5~1m 규모로 마련되어 있다. 연대의 규모는 길이 6.4m, 폭 3m,
깊이 0.5m이다. 건물지는 연대 하단부에 위치하는데 내부 바위 암반에
공룡 발자국이 잔존하고 있다.

　전체적인 형태가 고흥 가내포봉수(加乃浦烽燧)와 유사하며, 건물지
의 경우 입지조건 및 형태가 고흥 유주산봉수(楡朱山烽燧)와 좋은 비
교대상이 된다.

사진Ⅳ-36.
고성 좌이산봉수
연대

사진Ⅳ-37.
고성 좌이산봉수
건물지

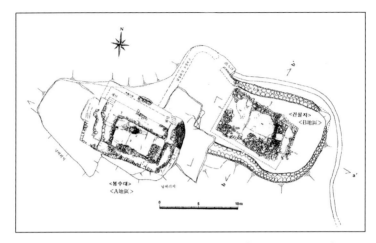

도면Ⅳ-8. 고성 좌이산봉수 연대 및 건물지 평면도(동아대학교 박물관)

19. 고성 천왕점봉수

천왕점봉수(天王岾烽燧)는 경남 고성군 대가면 양화리의 해발 353m 인 봉화산(烽火山) 정상부에 위치하고 있다. 경상남도 기념물 제221호 로 지정되어 있다.

초축시기는 고려시대이며 봉수노선과 성격상 거제 가라산봉수(加羅 山烽燧)에서 초기하는 제2거 간봉(2)노선의 연변봉수이다. 대응봉수는 통영 우산봉수(牛山烽燧)에서 신호를 받아 곡산봉수(曲山烽燧)에 응 하였다.

봉수는 평면 타원형의 형태로 단면 凹자형이다. 동 지역의 곡산봉수 와 형태가 매우 유사하다. 최근 시굴조사를 통해 방호벽 내에 3개소의 연조가 설치된 방호벽+연조형의 봉수구조임이 보고되었으며, 이외 출입 시설·우물 등이 확인되었다.

사진Ⅳ-38.
고성 천왕점봉수
시굴조사 전의 모습

사진Ⅳ-39.
고성 천왕점봉수

사진Ⅳ-40.
고성 천왕점봉수
연조

이 중 방호벽은 인근의 바위에서 채취한 석재를 사용하여 구간별로 60×22cm, 60×68cm, 85×35cm가량의 괴석을 하부 혹은 중간에 놓고 그사이는 이보다 작은 석재를 일(一)자형 혹은 품(品)자형으로 불규칙하게 석축하였다. 석재는 면이 바른 면을 외벽으로 하여 일부 치석하였으나 축조에 정형성은 없다. 서쪽의 경우 자연암반을 기저부로 활용하기도 했다. 축조 단수는 8~13단가량이다. 북쪽의 경우 방호벽 상부 담장지의 두께가 얇으나, 서쪽의 경우는 두꺼운 편이며 잔존상태가 좋다. 연조는 3개소가 확인되었는데 방호벽의 내부에 설치되어 있으며 서벽에 인접해 있다. 평면형태는 원형으로 각 연조 간 거리는 2~3m 정도이고 북동－남서향으로 일직선상에 위치한다. 연조의 규모는 내직경 0.8m, 외직경 1m 정도로 3개 모두 균일하다. 이 중 2개 연조는 한쪽이 트여 있는데 화구부로 판단되며, 내부에는 검은재가 가득 차 있다. 출입시설은 방호벽 남쪽에서 1개소 확인되었는데 폭 0.7m가량으로 동－서 좌우의 방호벽 사이에 시설했다. 계단식 형태로 층층이 쌓여진 것이 아니고 조잡하게 쌓여 있다. 이런 형태의 출입시설 형태는 영천 소산봉수(蘇山烽燧), 고령 이부로산봉수(伊夫老山烽燧)의 출입시설 형태와 유사하다. 우물은 봉수에서 서쪽 사면으로 약 5분 정도의 거리에 원형의 형태로 확인되었다. 주위는 석축으로 쌓아 돌렸으며 내부에는 샘물이 남아 있다. 봉수의 전체규모는 동서 15.7m, 남북 19.6m, 높이 3m, 전체둘레 상부 68m가량이다.

조사를 통해 유물은 주로 방호벽 내부에서 출토되었는데 상평통보 2점·숫돌 2점·기와 2점·수마석 4점 등이다. 특히 수마석은 계란보다 약간 큰 형태로 너무 소형이라 실효성이 의심된다.

이상을 통해 천왕점봉수의 특징은 다음의 곡산봉수와 마찬가지로 구조·형태적으로 연대가 없는 평면 타원형의 내지봉수 형태이면서 입지적으로는 해안에 인접하여 있는 연변봉수라는 사실이다. 평면상 이와 유사한 형태의 봉수는 내지봉수로서 고양 독산봉수, 논산 황화대 봉수, 울산 부로산봉수 등이 있다.

20. 고성 곡산봉수

곡산봉수(曲山烽燧)는 경남 고성군 동해면 내곡리의 해발 316m인 봉화산(烽火山) 정상부에 위치하고 있다. 봉화산의 정상부는 서봉(西峰)과 동봉(東峰)의 두 봉우리가 솟아 있는데 봉수는 서봉에 위치하며 경상남도 기념물 제236호로 지정되어 있다. 지형적으로 봉수에서 서북쪽은 당항만과 인접하여 있으며 동쪽과 남쪽으로는 철마산성(鐵馬山城)과 거류산성(巨流山城)이 일정거리를 두고 있다.

초축시기는 고려시대이며 봉수노선과 성격상 거제 가라산봉수(加羅山烽燧)에서 초기하는 제2거 간봉(2)노선의 연변봉수이다. 대응봉수는 천왕점봉수(天王岾烽燧)에서 신호를 받아 마산 가을포봉수(加乙浦烽燧)에 응하였다.

사진Ⅳ-41.
고성 곡산봉수

봉수는 평면 타원형의 형태로 단면 凹자형이다. 동 지역의 천왕점봉
수와 형태가 매우 유사하다. 봉수는 내부를 꽉 차지할 정도로 봉분 규
모가 큰 민묘가 1기 안장되어 있다. 최근 시굴조사를 통해 방호벽의
상부 평탄면에 5개소의 연조가 설치된 방호벽+연조형의 봉수구조임이
보고되었으며, 이외 출입시설·추정 경작지 등이 조사되었다.

이 중 방호벽은 인근의 바위에서 채취한 석재를 사용하여 아래쪽에
는 큰 돌을, 위쪽에는 작은 돌을 사용하여 축조했다. 무너진 석벽(石
壁)의 형태로 보아 내·외 벽면은 자연석과 할석을 사용하였고 내부에

는 주먹만한 돌로 메
워서 구축했다. 연조는
방호벽의 상부 평탄면
에서 5개소가 확인되
었는데 각각 등 간격
으로 배치된 것이 아
니라 남동쪽에서 2개
및 북서쪽에서 3개소
로 군을 이루고 있다.

사진Ⅳ-42. 고성 곡산봉수 내부

연조의 구조는 화구부를 제외한 가장자리에 할석을 3단 정도 쌓아서
원형과 방형으로 돌렸다. 연조의 규모는 직경이 1.6~2m 정도로 일부
연조는 내부에는 검은 재가 가득 차 있다. 출입시설은 방호벽 동쪽에서
계단식 형태로 1개소 확인되었는데 폭 1.5m, 길이 5m 정도이다. 이런
형태의 출입시설 형태는 포항 뇌성봉수, 거제 지세포봉수의 출입시설
형태와 유사하다. 봉수의 규모는 높이가 지형에 따라 1.5~2m, 전체 둘
레 70m가량이다.

이상을 통해 곡산봉수의 특징은 앞의 천왕점봉수와 마찬가지로 구

조·형태적으로 연대가 없는 평면 타원형의 내지봉수 형태이면서, 입
지적으로는 해안에 인접하여 있는 연변봉수라는 사실이다.

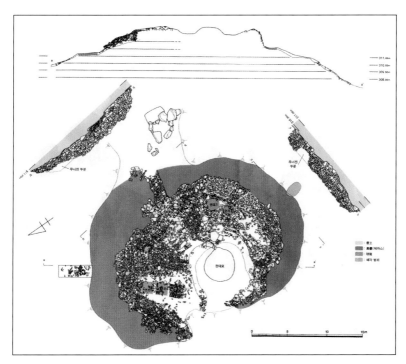

도면Ⅳ-9. 고성 곡산봉수 평·단면도(경남고고학연구소)

21. 통영 한배곶봉수

한배곶봉수(閑背串烽燧)는 경남 통영시 한산면 하소리의 해발 293.5m
인 망산(望山) 정상에 위치하며 달리 망산봉수(望山烽燧)로도 지칭되
고 있다. 최근 복원에 앞서 실시한 지표조사를 통해 망산 별망봉수대(望
山 別望烽燧臺) 명칭으로 보고된 바 있다.

사진Ⅳ-43. 통영 한배곶봉수 내부모습

과거 봉수제가 운영되던 당시 삼도수군통제영(三道水軍統制營) 당포
진(唐浦鎭) 소속의 봉수로서 임진왜란 직후 이 지역에 삼도수군통제영
이 설치되면서 주변해역이 통제영에 속한 사량진, 당포진, 삼천진 등의
변방수색 및 정박처가 되었다. 또한 봉수가 위치하는 한산도는 임진왜
란 당시 삼도수군통제영이 최초로 자리잡은 유서 깊은 곳이기도 하다.

초축시기는 『여지도서(輿地圖書)』(1760)의 발간시점을 전후한 18세
기 중엽이다. 축조목적은 임진왜란 이후 대왜구방어 및 경보 목적 외
에 주변 해역에서 일어나는 정세를 요망하면서 자체해안 방어 및 요
망에 주력하던 봉수이다. 봉수노선과 성격상 율포진별망(栗浦鎭別望)
에서 초기하는 제2거 간봉(3)노선의 연변봉수이다. 대응봉수는 축조
초기 동쪽의 거제 가라산봉수(加羅山烽燧)에서 신호를 받아 서쪽으로
통영 미륵산봉수(彌勒山烽燧)에 응하였으나, 후기에는 거제 조라포진
(助羅浦鎭) 가을곶봉수(柯乙串烽燧)에서 보내는 신호를 받았다. 봉수
의 형식분류상 연대+연조형이다.

봉수에 대한 고지도의 표기를 살펴보면 『여지도서』에는 한배곶망
(閑背串望)으로 깃발형 표기가 되어 있으며, 『조선후기지방지도』에는
한배곶요망(閑背串暸望)으로 적색 기둥형으로 표기가 되어 있다.

봉수군 인원은 조선 후기 1895년 발간의 『영남읍지(嶺南邑誌)』에
한배곶봉수가 속한 고성부 소속의 봉수는 各 봉수마다 별장(別將) 1
인, 봉직(烽直) 1인이 배치되어 있었고 매삭(每朔) 10일 간격으로 일
기(日記)를 거행(擧行)했다.

연대는 통영 한산도 망산 정상부의 남서쪽 하단부에 위치하는데 연
대 남쪽 해안 사면으로 일렬의 긴 석축열이 잔존하고 있다. 평면 정방
형(正方形)의 석축(石築)으로 내부는 비어 있다. 연대의 남쪽으로 해
서 내부 진입이 용
이하다. 이렇듯 연
대의 내부가 비어
있는 경우는 거제
도 및 고흥군 지역
의 일부 봉수에서
사례가 확인되고 있
는데, 아직 정확한
성격규명이 안된 채

사진Ⅳ-44. 통영 한배곶봉수 산정 북쪽 사면의 재층

봉수라 호칭되고 있다. 연대의 규모는 동서 10.7m, 남북 9.5m가량이며
높이는 동 2.8m, 서 2m, 남 1.7m, 북 1.5m, 연대 상부 두께 1.6m이다.

연조는 산정과 남동쪽에 직경 2.5m의 인위적인 원형 구덩이 2개소
가 뚜렷하여 연조로 추정되며 이들 연조에서 연대 사이로 추정 연조
유구가 2개소가량 확인된다. 또한 산정 북쪽 사면에는 검은 재층이 노
출되어 있다.

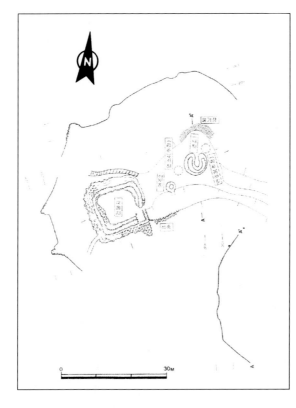

도면Ⅳ-10.
통영 한배곶봉수
평·입·단면도
(경남대학교 박물관)

22. 마산 가을포봉수

가을포봉수(加乙浦烽燧)는 경남 마산시 진동면 요장리에 위치하며 경상남도 기념물 제169호로 지정되어 있다.

초축시기는 고려시대이며, 봉수노선과 성격상 제2거 간봉(7)노선의 연변봉수이다. 대응봉수는 고성 곡산봉수(曲山烽燧)에서 신호를 받아 함안 파산봉수(巴山烽燧)에 응하였다. 봉수 못 미쳐 좌측(서쪽)에는 풀숲에 4개소의 연조가 남-북 1열로 해안 쪽을 향하여 설치되어 있는 것이 확인된다. 또한 복원된 연대의 주위로는 방호벽이 둘러져 있

사진Ⅳ-45. 마산 가을포봉수 복원 연대 및 방호벽

고 연대의 북쪽 배후로는 호가 시설되어 있다. 봉수의 형식분류상 연대+연조+방호벽+호형에 속한다.

봉수에 대한 사서의 기록은 원종 13년(1272)에는 삼별초(三別抄)가 합포(合浦. 현 마산)에 침입하여 전함(戰艦) 20수(艘)를 불사르고 몽고(蒙古) 봉졸(烽卒) 4인을 잡아갔다는 기록이 있다. 이를 통해 몽고는 고려의 봉수를 점령하고 봉졸을 배치하여 몽군의 자체 경계근무에 이용하는 등 봉수시설은 고려를 침입한 몽군에 의해서도 중요하게 활용됐다. 또한 우연의 일치인지는 모르지만 삼별초에 의해 납치된 몽고 봉졸 4인의 숫자를 통해 당시 고려를 침입한 몽군도 4거제의 고려 봉수제를 습용하여 위급시 1급에서 4급의 봉수제에 의한 신호전달을 위해 당시 합포[마산]소재 봉수에 몽고 봉졸 4인을 두었던 것으로 짐작된다.

현재 마산시 소재의 봉수는 회원구 회원동 산18 소재의 무학산 줄기인 해발 265m의 봉화산에 위치하는 성황당봉수(城隍堂烽燧: 제2거 간

봉6로)와 진동면 요장리 산60번지 소재의 가을포봉수(加乙浦烽燧: 제2
거 간봉2로) 등 2개소가 있다. 봉수성격상 모두 연변봉수(沿邊烽燧)이
며, 봉수노선상 동일 지역임에도 노선을 달리하고 있는 특징이 있다.
이 중 첫째 성황당 봉수는 산명(山名)이 봉화산인 곳에 봉수가 위치하
는 까닭에 후일 봉화산봉수라는 사실과 다른 명칭으로 지칭되고 있다.
아울러 봉수는 연대의 복원으로 인해 원형이 상실되었으나, 건물지는
원형이 잘 남아 있다. 봉수의 형식분류상 연대형(煙臺形)이다.

둘째, 가을포봉수의 연대와 방호벽 역시 복원으로 인해 원형이 상실
되었으나, 주위 호(壕)와 4개소의 토+석혼축 연조가 잘 남아 있는 전
형적인 고려 봉수의 형태이다. 이를 통해 고려시대에 일시나마 몽군
(蒙軍)에 의해 관리되고 있었던 합포[마산]소재 봉수는 가을포봉수로
추정된다.

사진Ⅳ-46.
마산 가을포봉수
연조군

연조는 봉수 못 미쳐 좌측(서쪽)의 풀숲에 4개소가 남-북 1열로
해안 쪽을 향하여 설치되어 있다. 축조상 토·석 혼축으로 직경이 1.
5~2.8m이며 지표에서 0.7~1.3m의 높이로 남아 있다. 각 연조 간 거

리는 평균 4m이다. 강화 진강산봉수(鎭江山烽燧), 화성 흥천산(興天山)·염불산봉수(念佛山烽燧) 연조와의 비교 검토를 통해 고려시대 봉수의 거화구조를 이해하는 데 좋은 자료이다. 아울러 이 봉수는 방호기능과 거화기능이 국내에서 가장 잘 갖추어진 연변봉수로서 유일한 사례이다.

23. 함안 파산봉수

파산봉수(巴山烽燧)는 한국고대 아라가야(阿羅伽耶)의 옛 고도(古都)인 경남 함안군 여항면 내곡리와 주동리 경계의 해발 649m인 봉화산(烽火山) 정상에 위치하고 있다. 입지상 경남 남해안 지역의 연변봉수로서는 상당히 고지대에 위치하는 특징이 있다. 이를 통해 입지상으로는 내지봉수의 입지조건이며, 봉수구조·형태상 연변봉수의 형태이다. 제2거 간봉(2)노선 연변봉수의 마지막 지점이며, 파산봉수에서 북쪽으로 연결되는 의령 가막산봉수(可幕山烽燧)는 내지봉수가 시작되는 지점이다. 현재 경상남도 기념물 제220호로 지정되어 있다.

초축시기는 조선 초기로 여겨지며, 봉수노선과 성격은 거제 가라산봉수(加羅山烽燧)에서 초기하는 제2거 간봉(2)노선의 연변봉수이다. 대응봉수는 마산 가을포봉수(加乙浦烽燧)에서 신호를 받아 의령 가막산봉수(可幕山烽燧)에 응하였다. 봉수의 형식분류상 연대+연조+방호벽형이다.

봉수는 함안군 여항면에서 마산시 진북면간 79번 국도변의 해발고도가 높은 험준한 산정상에 위치하고 있는 관계로 접근이 매우 어려운 곳이다. 따라서 유지는 비록 오랜 세월 지나는 동안 일부 허물어진 곳이 있지만 비교적 원형이 잘 남아 있다. 발굴조사를 통해 연대 외에 건물지·연굴 추정유구·방화벽 등의 부속시설이 확인되었다.

사진Ⅳ-47. 함안 파산봉수 항공사진(동아세아문화재연구원)

    연대는 남-북 장축으로 길다란 능선을 이루는 산정상의 남쪽에 위치하는데 평면 원형으로 축조하였다. 동쪽과 북쪽에 일부 원형이 남아 있는 반면 남쪽과 서쪽은 많이 허물어져서 원형을 알아볼 수가 없다. 일부 원형이 남아 있는 동쪽의 경우 잔존 높이는 2.5m가량이며, 북쪽의 경우 잔존 높이 1.8m에 하부 직경 7.5m가량이다. 축조상 원래의 자연암반 위에 하부에는 방형의 큰 괴석(塊石)을 놓고 상부로 갈수록 이보다 작은 석재를 이용하여 서로 엇갈리게 쌓아 올렸다.

    건물지는 연대에서 남동쪽으로 약 6m 떨어진 거리에 있으며 북서-남동 5.4m, 남서-북동 6m로 전체 평면형태가 'ㅁ'자에 가깝다. 남동쪽 기단축대를 제외한 평면은 'ㄷ'형태로 남동쪽이 개방된 형태이다.

    연굴(煙窟) 추정유구는 연대에서 북쪽으로 3m 정도 떨어진 위치에 있다. 할석을 이용한 평면 원형의 형태로 직경 2m 정도로 1단의 석축이 잔존한다. 조사 후 조선 후기 발간 지지서에 기록된 5개의 연굴 중 하나로 추정된다고 보고하였다.

사진Ⅳ-48.
함안 파산봉수
건물지

아울러 파산봉수는 연대 근처에 시설된 남-북 38m, 동-서 18m의 석축담장 외에도 그 외부에 남-북 135m, 동-서 45m 규모로 또 하나의 석축 담장이 있기 때문에 전자를 방화벽으로, 후자를 동물이나 외부 적으로부터 봉수시설 및 인명을 보호하기 위한 방호벽으로 판단하여 보고하고 있다.

또한 봉수는 경남지역 내 봉수의 비치물목이 전하는 7개소 봉수 중 하나라는 점에서 가치가 있다. 비록 물목현황은 타 봉수에 비해 수량 면에서 열세이지만 조선 후기인 19세기 전기에 발간된 『경상도읍지(慶尙道邑誌)』의 파산봉수 비치물목을 통해 거화시설로는 연대 1, 연굴 5, 화덕 1, 망덕 1개소 등이 있었다고 하나, 현재로서는 연대 및 추정 연굴 1개소 외에는 뚜렷한 관련시설을 확인할 수 없는 상태이다.

조사 후 복원을 통해 원형을 상실하였다.

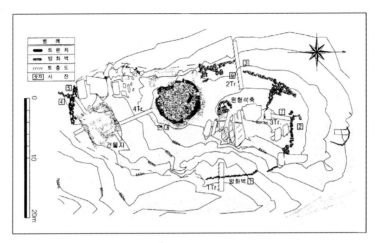

도면Ⅳ-11. 함안 파산봉수 평면도(동아세아문화재연구원)

* 아라가야(阿羅伽耶): 한국고대 6가야 중의 하나로 함안지역을 중심으로 찬
  란한 고대문화를 피웠으나, 신라 법흥왕대의 서진정책에 의해 병합되었다.
* 가막산봉수(可幕山烽燧): 경남 의령군 정곡면 적곡리의 해발 190m 지점에
  위치하는 조선시대 제2거 간봉노선의 연변봉수로서 남쪽으로 함안 파산봉
  수(巴山烽燧), 북쪽으로 초계군 미타산봉수(彌陀山烽燧)에 응하였다.

24. 마산 성황당봉수

성황당봉수(城隍堂烽燧)는 경남 마산시 회원동의 봉화산 동쪽 끝
봉우리에 위치하며 경남기념물 제157호로 지정되어 있다. 조망상 남으
로 시야 트여 있으며 배후 북쪽은 무학산에 막혀 조망이 곤란하다.
초축시기는 고려시대이며 봉수노선과 성격상 제2거 간봉(6)노선의
연변봉수이다. 대응봉수는 조선 초기 발간 지지서인『경상도속찬지리
지(慶尙道續撰地理志)』(1469)에 잠시 남으로 여포연대(余浦煙臺), 북
으로 함안 안곡산봉화(安谷山烽火)에 응한 것 말고는 조선 전 시기에

걸쳐 동으로 웅천 고산봉수(高山烽燧), 북으로 함안 안곡산봉수(安谷山烽燧)에 응하였다. 봉수의 형식분류상 연대형이다.

연대는 석축의 평면 원형으로 복원 시 북서쪽에 폭 90cm가량 출입시설 개방하여 내부로 진입이 용이하게끔 복원돼 있다. 건물지는 연대의 서편에 인접하여 있으며 내부에는 민묘 1기가 안장되어 있다. 평면 타원형이며, 특이하게 건물지 동편에 연대로 통하는 출입시설은 폭 60~110cm가량으로 자연적인 바위 암반이 좌우에 있다.

사진Ⅳ-49.
마산 성황당봉수
건물지와 연대 전경

사진Ⅳ-50.
마산 성황당봉수
복원된 연대

25. 함안 안곡산봉수

안곡산봉수(安谷山烽燧)는 경남 함안군 칠서면 회산리의 해발 343.9m 인 안국산(安國山) 정상에 위치하고 있으며, 안곡산성(安谷山城) 내에 위치하는 봉수이다. 이곳에서 보면 사방으로 시야확보가 용이하다.

초축시기는 고려시대 이며, 봉수노선과 성격 상 제2거 간봉(6)노선 의 연변봉수이다. 입지 상으로는 해안에서 멀 리 떨어진 내지봉수의 입지조건이며, 봉수의 구조·형태상 연변봉수 의 형태이다. 제2거 간

사진Ⅳ-51. 함안 안곡산봉수 연대

봉(6)노선 연변봉수의 마지막 지점이며, 안곡산봉수에서 북쪽으로 연 결되는 창녕 소산봉수(所山烽燧)는 내지봉수가 시작되는 지점이다. 대 응봉수는 마산 성황당봉수(城隍堂烽燧)에서 신호를 받아 창녕 소산봉 수에 응하였다.

봉수는 산성의 서북쪽 정상부에 위치하는데 봉수의 형식분류상 평 면 원형의 연대형이다. 연대 상부 남쪽에는 산불감시초소가 놓여 있 다. 연대의 남쪽은 석축이 온전한 반면 북쪽은 많이 허물어진 상태이 다. 연대의 높이는 2m가량이며 하부의 전체 둘레는 29m가량이다. 연 대 내부는 깊이 1.4m가량 마치 우물처럼 파서 내에 원형의 석축 연조 시설을 하여 놓았다. 이 시설은 원래의 것이 아니고 수십 년 전 인위 적으로 구축하여 놓은 것이다.

연대의 남쪽에는 건물터로 보이는 넓은 평지가 있는데 민묘 1기가
안장되어 있다.

사진Ⅳ-52. 함안 안곡산봉수 연대 내부복원 연조

26. 남해 금산봉수

금산봉수(錦山烽燧)는 경남 남해군 상주면 상주리의 해발 681m인 금
산 정상에 위치하고 있으며, 경상남도 기념물 제87호로 지정되어 있다.

초축시기는 고려시대이며, 봉수노선과 성격상 제2거 간봉(9)노선의
연변봉수가 초기하는 곳으로서 동지역의 대방산봉수(臺防山烽燧)에
신호를 전달하였다. 봉수의 형식분류상 연대+호형이다.

봉수는 1999년과 2000년에 걸쳐 남해군 창선면에 의해 지표조사가
이루어졌다. 조사를 통해 봉수는 자연암반을 기저부로 인근에 있는 자
연석을 모아 축조하였음이 확인되었다. 현재는 남해군에 의해 연대 측
면에 나선형(螺旋形)의 오름시설과 연대 상부 연통 시설을 갖춘 채

복원돼 있다. 아울러 연대의 북서쪽 뒤 낮은 경사면에는 호(壕)가 확
인되고 있다. 봉수의 규모는 높이 4.5m, 둘레 26m가량이다.

사진Ⅳ-53. 남해 금산봉수 연대(최진연)

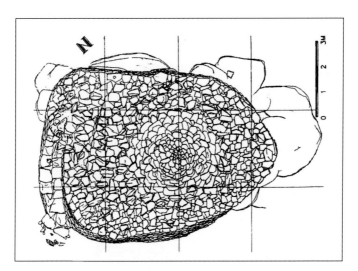

도면Ⅳ-12. 남해 금산봉수 평면도(남해군 창선면)

27. 남해 대방산봉수

대방산봉수(臺防山烽燧)는 경남 남해군 창선면 옥천리의 해발 446m 인 산 정상부에 그 유지가 잘 남아 있으며, 경상남도 기념물 제248호로 지정되어 있다.

초축시기는 『경상도속찬지리지(慶尙道續撰地理志)』(1469)에 진주의 남쪽 흥선도(興善島)에 소재하는 초명(初名) 대방산연대봉화(臺方山 煙臺烽火) 명칭으로 표기되어 있는 것을 통해 15세기 말을 전후한 시 기에 축조됐다. 이후 조선 전 시기에 발간된 지지서의 기록을 통해 남 쪽과 북쪽으로 대응하는 봉수노선의 변동이 없이 유지되었다. 봉수노 선과 성격상 제2거 간봉(9)노선의 연변봉수가 초기하는 남해 금산봉 수(錦山烽燧)에서 신호를 받아 진주 각산봉수(角山烽燧)에 응하였다.

앞의 금산봉수와 마찬가지로 남해군 창선면에 의해 1999년과 2000 년에 걸쳐 정비복원자료 수집 차원에서 지표조사가 이루어졌는데, 연 대와 석축 담장지의 형태가 울산 이길봉수(爾吉烽燧) 및 여수 만흥동 봉화산봉수와 상당히 유사하다.

사진Ⅳ-54.
남해 대방산봉수
연대와 방호벽

봉수는 남-북으로 이어지는 산 정상의 능선부 지형을 최대한 이용하여 지반을 정지한 후 석축으로 연대와 주위 담장을 축조하였는데, 북쪽에서 본 봉수의 단면형태는 '凸'형태이다. 아울러 북쪽과 동쪽의 연대 하단부 주위로는 화성 흥천산·염불산봉수와 동일한 형태인 5개소의 토·석 혼축 연조를 일정한 간격으로 반구형으로 배치하였는데, 이는 신호를 받는 기능보다는 전달하는 기능을 강조한 배치구조이다.

봉수의 장축방향은 편서향한 남-북이다. 북쪽에 위치한 연대의 하단부에 맞붙어서는 남쪽으로 높이 60~110cm, 너비 60~100cm가량의 담장시설이 잘 남아 있는데, 최대 직경이 하단부 2/3 지점에 있는 계란형이다. 아울러 담장지의 가장 남쪽 중앙부에는 민묘가 1기 안장되어 있다.

사진IV-55.
남해 대방산봉수
연조

연대는 평면형태가 각을 죽인 말각방형이며, 상부는 평평한데 서쪽으로는 일부 허물어진 상태이다. 규모는 높이 2.6m, 동서 11.1m, 남북 10.3m가량이다. 담장은 지형에 따라 고저차가 있으며 규모는 동서 15m, 남북 23.8m가량이다. 이 외에 연대의 북동편에는 일부 공지(空地)에 5개소의 토·석 혼축 원형구조물(圓形構造物)이 잘 남아 있는데 직경 3~4m의 규모이다. 이는 봉수의 초축시기가 조선전기인 1469년을 전후한 시기이고 조선시대에 봉수제가 5거제로 확립됨에 따라 축조된 별도의 연조시설이다. 즉 대방산봉수는 원래의 연대와 후대에 축조된 연조를 별도로 갖추고 있었으며 위급상황에 따라 신호체계를 분명하게 전달하기 위해 다른 봉수에서는 볼 수 없는 5개소의 원형 연조를 추가로 시설하였던 것으로 추정된다. 다만 이 봉수와 동일한 형태인 울산 이길봉수의 연대 상부에서 보이는 연소실의 흔적은 확인할 수 없는 차이가 있다.

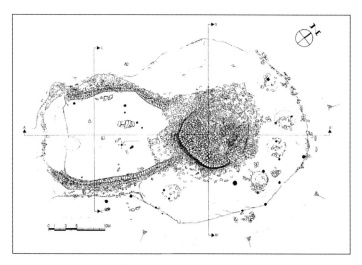

도면IV-13. 남해 대방산봉수 평면도(남해군 창선면)

28. 남해 설흘산봉수

설흘산봉수(雪屹山烽燧)는 경남 남해군 홍현리의 해발 488m인 설흘산 정상에 위치하고 있는데 4방을 조망하기 용이한 곳이다. 지형상 동쪽을 제외한 3면은 급사면을 이루고 있다. 현재 경상남도 기념물 제247호로 지정되어 있다.

초축시기는 고려시대이며, 봉수노선과 성격상 제2거 간봉노선에 속하
며 또한 제5거 직봉의 여수 돌산도봉수(突山島烽燧)에 응하기도 하였던
연변봉수이다. 대응봉수는 시기에 따라 축조 초기 서쪽으로 망운산봉화
(望雲山烽火)에만 응했으나, 이후 동으로 금산봉수(錦山烽燧)와 북쪽으
로 원산봉수(猿山烽燧)에 응했다. 조선 후기에는 동쪽으로 금산봉수와
북쪽으로 여수 돌산도봉수(突山島烽燧)에 응하였다. 시기에 따라 소흘
산봉화(所屹山烽火) 또는 소흘산봉수(所訖山烽燧) 등으로 표기되었다.

봉수는 설흘산 정상부의 바위 암반에 평면 말각방형의 연대가 축조돼
있는데 동쪽의 석축이 잘 남아 있다. 연대의 최대 높이는 4.2m이며 연대
상부의 둘레는 31m이다. 연대 북쪽에는 나선형 오름시설이 마련돼 있는
데 폭 1.5m이다. 한편 연대의 앞으로는 수풀 잡목 속에 4개소가량의 석
축 연조가 시설되어 있고 배후로도 2~3개소의 연조가 확인된다. 봉수
의 형식분류상 연대+연조형에 속한다.

최근 원형이 잘 남아 있어 더 이상의 조사와 복원이 불필요하였음
에도 아무런 조사 없이 복원으로 인해 원형을 상실함에 따라 사진과
같은 옛 모습을 다시는 볼 수 없게 되어 버렸다.

사진Ⅳ-56.
남해 설흘산봉수
연대(최진연)

사진Ⅳ-57.
남해 설흘산봉수
나선형 오름시설

29. 남해 원산봉수

원산봉수(猿山烽燧)는 경남 남해군 이동면 다정리의 해발 617m인 호구산 정상에 위치하고 있다.

초축시기는 조선 중기이며, 봉수노선과 성격상 제2거 간봉노선의 연변봉수이다. 대응봉수는 시기에 따라 축조 초기 동쪽으로 금산봉수(錦山烽燧)와 남쪽으로 소흘산봉수(所訖山烽燧)에 응했다. 조선 후기에는 동쪽으로 금산봉수와 서쪽으로 다만 본현에만 응했는데 여기에서 본현은 이동면에 설치되었으며 남포현이라 불리었다.

봉수는 최근 동 지역 소재 설흘산봉수(雪屹山烽燧)와 비슷한 시기에 복원으로 인해 원형을 상실한 상태이다. 복원된 모습은 원형의 기단부에 화구를 갖춘 연통을 설치하였는데 오늘날 경남 남해안지역 일원에 유행처럼 복원되어 있는 동일한 모습이다.

복원 전의 조사결과에 의하면 봉수가 위치하는 정상 남동쪽 부분은 약간 경사진 암반으로 형성된 평탄지로 이루어져 있고, 그 위쪽 북쪽 경사면 위에 2단의 연대를 쌓고 그 위에 봉화를 올리는 연조 시설을 설치하였다고 보고된 바 있다.

사진IV-58.
남해 원산봉수
복원된 연대

사진IV-59.
남해 원산봉수
복원된 연대의
오름시설

30. 남해 망운산봉수

　망운산봉수(望雲山烽燧)는 경남 남해군 서면 연죽리 해발 786m인 망운산 정상의 동남 측에 위치하고 있다. 망운산 정상부에는 kbs 망운산 송신소가 위치하고 있는데 송신소의 뒤편이다.

　초축시기는 고려시대이며, 봉수노선과 성격상 제2거 간봉노선의 연변봉수이다. 대응봉수는 조선 초기 한때 진주 금양부곡(金陽部曲)의

양둔(陽屯)에만 응했으나, 단종 2년(1454) 1월 병조(兵曹)에서 남해현의 망운산(望雲山)·성현(城峴)의 두 봉화는 아울러 모두 긴요치 않으니 이를 혁파하자는 전라도·충청도·경상도 도체찰사(都體察使)의 계본(啓本)에 의거하여 폐지됨으로써 단기간에 운영됐던 봉수이다.

봉수는 평면 원형의 연대 위에 후대에 하부 직경이 2.1m, 높이가 2.3m인 원뿔형 돌무지를 쌓았다. 연대의 단수는 8단이며 높이는 지형에 따라 1.1~1.5m이며 직경은 동서 6m, 남북 7.3m, 전체 둘레는 40m이다.

사진Ⅳ-60. 남해 망운산봉수 연대

31. 사천 각산봉수

각산봉수(角山烽燧)는 경남 사천시 대방동의 해발 412m인 산 정상에 위치하고 있으며, 경상남도 문화재자료 제96호로 지정되어 있다.

봉수노선과 성격상 제2거 간봉(9)노선의 연변봉수로서 남해 대방산 봉수(臺防山烽燧)에서 신호를 받아 사천 안현산봉수(鞍峴山烽燧)에 응하였다.

봉수는 각산 정상부의 해발 332m인 서쪽 봉우리를 중심으로 각산 산성(角山山城)과 인접하고 있으며 멀리 남해안 일대의 바다를 조망 하면서 해안을 통해 침입하려는 왜적의 침입을 파악하여 봉수의 역할 을 수행하기에 좋은 입지조건이다.

현재 평면 원형으로 연대가 복원돼 있는데, 오늘날 진주 · 김해 · 거 제 · 남해 · 함안 등의 지역에 복원되어 있는 봉수의 모티브가 되고 있 다. 복원 연대의 하단부로는 건물지의 흔적이 남아 있다.

사진IV-61. 사천 각산봉수 복원 연대

32. 울진 표산봉수

표산봉수(表山烽燧)는 경북 울진군 기성면 봉산리의 해발 78.3m인 속칭 배밑동 뒷산에 유지가 잘 남아 있다.

봉수제가 운영되던 조선시대에는 강원도 평해군 소속 3개소의 봉수 중 1개소로서 전기에는 단지 북쪽으로 기성면 사동리의 사동산봉수 (沙銅山烽燧)에만 신호를 전달하는 단일노선이었으나, 이후 중기에 남쪽으로 평해읍 거일리의 후리산봉수(厚里山烽燧)에 응하는 새로운 노선이 신설되었다.

봉수는 지형상 3단가량의 대지상에 산 정상을 평탄하게 정지한 후 높이 3m 내외의 석축연대가 마련되어 있다. 하부 방형에 내부 원추형으로 규모는 동서 7.9m, 남북 8.9m가량이며, 나선형 오름시설이 마련되어 있다. 특이하게도 연대 하단부 북쪽에는 높이 2m, 너비 1.5m 직경 0.6m가량의 터널형 구조물과 동쪽에는 연대 하단부에 맞붙어 높이 1.8m, 너비 2.8m가량의 구조물이 마련되어 있다. 용도는 자세한 조사가 이루어지지 않아 불명이나 봉수의 거화와 관련된 아궁이 혹은 연소시설로 추정된다.

사진Ⅳ-62.
울진 표산봉수 연대

* 후리산봉수(厚里山烽燧): 경북 울진군 평해읍 거일리에 소재하였던 봉수로
현재 유지는 멸실된 상태이다.

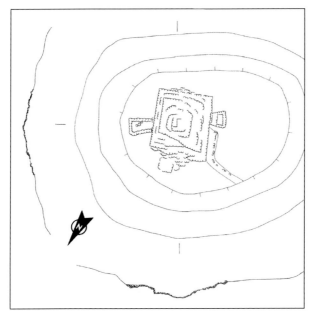

도면Ⅳ-14. 울진 표산봉수 평·단면도(안동대학교 박물관)

33. 울진 사동산봉수

사동산봉수(沙銅山烽燧)는 경북 울진군 기성면 사동리 마을의 북쪽
에 위치하는 해발 94.1m의 구릉 정상에 위치하는데 봉수로 오르는 길
에는 대나무 숲이 울창하다. 봉수 주변은 약 20년 전까지 밭으로 경작
되었고 인근 주민들에 의해 봉우재로 불리는 곳이다. 산 서쪽에는 주
상과 마악산이, 북서쪽에는 현종산이 위치하고, 서쪽 기슭에는 강굿태
목재라는 길이 있는데 옛날 보부상들이 다녔던 길이라고 한다. 한편

동쪽으로 바로 바다에 조망되는 곳은 절벽을 이루고 있어 적의 침입이 곤란한 천혜의 방어조건을 갖추고 있는 곳이며, 남쪽으로는 기성면 봉산리의 표산봉수(表山烽燧)를 정면에 바라보고 있다.

봉수제가 운영되던 조선시대에는 강원도 평해군 소속 3개소의 봉수 중 1개소로서 전기에는 단지 북쪽으로 근남면 산포리의 전반인산봉수(全反仁山烽燧)에만 신호를 전달하는 단일노선이었다. 이후 중기에 남쪽으로 기성면 봉산리의 표산봉수(表山烽燧)에 응하는 새로운 노선이 신설되었다.

사진Ⅳ-63.
울진 사동산봉수
연대

봉수는 높이 3m 내의 석축연대로 하부 방형에 상부는 거의 원형에 가깝게 축조하였다. 서쪽으로 폭 80cm가량의 오름시설이 마련되어 있다. 연대 상부에는 방형의 석축흔적이 있어 연소실로 추정된다. 규모는 동서 8.7m, 남북 8.6m가량이다.

연대 주위로는 호가 시설되어 있는데 규모는 총길이 34m, 너비는 0.9~4.5m가량이고 높이 1.2m 정도이다. 봉수의 형식분류상 연대+호형으로서 호를 포함한 전체 평면은 타원형이다.

봉수 주변으로는 다수의 조선시대 토·도기편 및 와편이 산재하고 있어 봉수제가 운영되던 당시 봉수군의 생활과 관련된 건물지 등이 있었던 것으로 보인다.

* 전반인산봉수(全反亇丩山烽燧): 경북 울진군 근남면 산포리에 소재하였던 봉 수로 현재 일부 유지가 남아 있다.

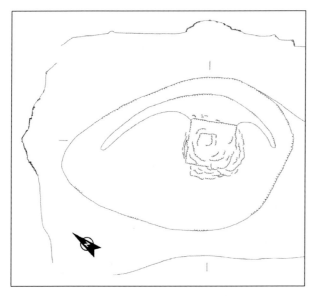

도면Ⅳ-15. 울진 사동산봉수 평·단면도(안동대학교 박물관)

34. 울진 죽변곶봉수

죽변곶봉수(竹邊串烽燧)는 경북 울진군 죽변면 죽변리 봉수동에 해 안과 인접하여 위치하고 있다. 봉수 주변으로는 대나무와 소나무가 작 은 숲을 이루어 주변을 에워싸고 있다.

사진Ⅳ-64. 울진 죽변곶봉수

초축시기는 고려시대이며, 18세기 중엽 이전에 폐지된 연변봉수이다. 대응봉수는 북쪽으로 항출도산봉수(恒出道山烽燧)와 남쪽으로 죽진산봉수(竹津山烽燧)에 응하였다. 봉수의 형식분류상 연대형으로서 평면 원형이다.

봉수의 규모는 연대 하부가 길이 10m, 너비 8m이고, 상부가 길이 8m, 너비 7.5m로 전체 높이 0.7m가량이다.

* 항출도산봉수(恒出道山烽燧) : 경북 울진군 북면 나곡리의 해발 114.8m인 봉화산(烽火山) 정상부에 위치하고 있다. 북쪽으로 삼척 가곡산봉수(可谷山烽燧)와 남쪽으로 죽변곶봉수(竹邊串烽燧)에 응하였다.
* 죽진산봉수(竹津山烽燧) : 경북 울진군 울진읍 연지리에 위치하고 있다. 북쪽으로 죽변곶봉수(竹邊串烽燧)와 남쪽으로 전반인산봉수(全反口山烽燧)에 응하였다.

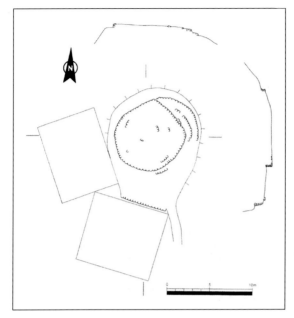

도면Ⅳ-16. 울진 죽변곶봉수 평·단면도(안동대학교 박물관)

35. 영덕 별반산봉수

별반산봉수(別畔山烽燧)는 경북 영덕군 영덕읍 창포리의 해발 181.8m 인 나지막한 독립 구릉에 위치하고 있다. 조망과 입지상 해안이 멀리 조망되고 주위는 나지막한 구릉들이 연이어져 있다. 서쪽으로 200m의 거리에는 해발 190m가량의 삿갓봉 사면으로 시대미상의 창포리성지 (菖浦里城址)가 인접하고 있다.

초축시기는 고려시대이며, 봉수노선과 성격상 제2거 간봉(1)노선의 연변봉수이다. 대응봉수는 조선 초기에는 별반봉화(別畔烽火) 혹은 별 반산연대봉화(別畔山煙臺烽火) 명칭으로 동쪽의 황석산봉수(黃石山烽 燧)와 북쪽의 대소산봉수(大所山烽燧)에 응하였다. 조선 후기에는 동

쪽의 황석산봉수노선 대신 포항 도이산봉수(桃李山烽燧)에서 신호를
받아 영덕 대소산봉수(大所山烽燧)에 응하는 노선이 봉수제가 폐지될
때까지 유지되었다.

사진Ⅳ-65. 영덕 별반산봉수 연대

봉수는 영덕 강구항에서 해맞이공원 쪽으로 가다 보면 공원 못 미
쳐 영덕풍력발전단지 내에 위치하고 있다. 마치 하나의 요새(要塞)처
럼 보이는 봉수 옆에는 대형 발전기 1기가 위치하고 있다. 원형의 토
+석 혼축 연대 주위에 토축의 원형 방호벽이 에워싸고 있어 전체적인
평면형태는 원형인데, 그 형태가 부산 아이봉수(阿爾烽燧)와 매우 흡
사하다. 다만 연대 남쪽편의 경우 발전기 공사로 인해 길을 내면서 방
호벽을 일부 훼손시켰다. 연대 상부는 직경 3m가량의 원형 연소실이
뚜렷하며 단면 '凹'자형이다. 연대의 높이는 3.5m가량이다. 한편 연대
상부 남쪽 사면에는 방호용 투석도구인 수마석(水磨石)이 무수하게
박혀 있다. 수마석 보관소가 별도로 연대 상부에 있었는지, 혹은 수마
석을 연대 축조에 사용하였는지는 의문이다.

방호벽의 외벽은 폭이 2.5m, 높이는 1.5~2m가량이다. 방호벽의 북
쪽편은 도로를 개설하면서 잘려 나간 단면에 기와편이 무수히 박혀
있어 건물지가 있었을 가능성이 크다. 이 외에도 연대 서쪽에는 연대
와 호를 연결하는 길쭉한 통로시설이 있는데 이는 부산 아이봉수(阿
爾烽燧), 포항 오봉봉수(烏峰烽燧), 고흥 장기산봉수(帳機山烽燧) 등
동해안과 남해안의 일부 봉수에서 광범위하게 확인할 수 있다. 이러한
형태의 봉수는 직봉이나 간봉을 구분하지 않고 비교적 초기에 초축된
봉수에서 확인된다.

사진Ⅳ-66.
별반산봉수 연대
사면의 수마석

사진Ⅳ-67.
영덕 별반산봉수 호
및 연결통로

36. 영덕 대소산봉수

대소산봉수(大所山烽燧)는 경북 영덕군 축산면 도곡리의 해발 282m 인 산 정상부에 동서로 길게 자리 잡은 능선의 동쪽 산봉우리에 위치하고 있다. 현재 경북도 내에서는 유일하게 기념물 제37호로 지정되어 있다. 입지상 동쪽으로는 바로 동해안과 인접하여 절벽지대를 이루고 있어 사방으로 전망에 유리한 반면 천혜의 방어조건을 지니고 있는 곳이다.

초축시기는 고려시대이며, 봉수노선과 성격상 동래 간비오에서 초기한 제2거 간봉의 연변봉수가 동 군의 영덕읍 창포동 소재 별반산봉수(別畔山烽燧)를 거쳐 대소산봉수에 도착하면 영해읍 대리 소재 광산봉수(廣山烽燧)로 전달하는 역할을 하였다.

사진IV-68.
영덕 대소산봉수
복원전의 모습
(최진연)

비록 간봉 노선의 봉수이지만 규모면에서 경북도 내 최대 규모이며 봉수와 인접하여 봉수규모에 걸맞은 대형 통신탑이 설치되어 있다.

최근 복원을 위한 자료수집 차원에서 지표조사 후 정비·복원이 이루어져 원래의 모습을 완전히 상실하였다.

사진Ⅳ-69. 영덕 대소산봉수 복원후의 모습(최진연)

도면Ⅳ-17. 영덕 대소산봉수 평면도(경북문화재연구원)

37. 영덕 광산봉수

　광산봉수(廣山烽燧)는 경북 영덕군 영해면 대리의 해발 409.4m인 봉화산(烽火山) 정상부에 위치하고 있다. 이곳 주민들은 조상대대로 매년 사월초팔일날 석가탄신일을 기념하여 마을의 평안 및 과거 호환 (虎患)을 방지하기 위해 봉수에 대한 제사를 지내 오고 있는 등 봉수 는 이곳 주민들의 정신적 믿음으로서 상징역할을 하고 있다. 이렇듯 봉수에 대한 제사를 지내는 곳은 전국에서 이곳 영덕군 대리의 광산 봉수가 유일하나 주민들의 대부분이 대부분 연로한 까닭에 조만간 봉 수에 제사를 지내는 전통은 사라질 위기에 놓여 있다.

　봉수가 위치하는 곳은 입지상 태백산맥(太白山脈)의 지맥이 사방으 로 뻗친 가운데 우뚝 솟은 한 봉우리로 산 정상은 남-북으로 길게 능선을 이루고 있다. 북쪽은 시야가 막힌 반면 동쪽으로 16km의 거리 에는 과거 봉수제가 운영되던 당시 신호를 받았던 축산면 도곡리의 대소산봉수(大所山烽燧)가 아련하게 조망된다.

　봉수노선상 초기에는 광산봉화(廣山烽火) 명칭으로 서쪽 진보현 남 각산봉화(南角山烽火)에만 응하는 단일노선이었으나. 15세기 중엽경 광산연대봉화(廣山煙臺烽火) 명칭으로 새로이 동쪽 대소산연대봉화(大 所山煙臺烽火)에 응하는 노선이 신설되어 한동안 유지되었다. 그러나 18세기 중엽경에는 종전에 서쪽으로 응하였던 진보현 남각산봉수 대신 신법산봉수(神法山烽燧)의 신설로 인해 봉수제가 폐지될 때까지 동래 간비오봉수(干飛烏烽燧)에서 초기한 제2거 간봉노선의 연변봉수가 동 군의 축산면 도곡리 소재 대소산봉수(大所山烽燧)를 거쳐 광산봉수에 도착하면 진보 신법산봉수(神法山烽燧)로 전달하는 역할을 하였다.

　봉수는 그동안 마을주민들의 각별한 보호 속에 인적이 드문 깊은 산

속에 있었던 관계로 원형이 잘 남아 있다. 입지상 산정상부 남-북으로
길게 능선을 이루는 곳에 자연암반을 기저부로 하여 석축의 방호벽과
연대 및 출입시설을 갖추고 있는데, 동서로는 급사면을 이루고 있다.
연대는 방호벽 내 남쪽에 위치하며 평면 직방형이다. 바위 암반 위에
할석을 이용하여 허튼층 막쌓기 하였는데 규모는 동서 460cm, 남북
640cm이며, 높이는 동쪽 낮은 곳이 130cm, 서쪽 높은 곳이 380cm가량
이다.

사진Ⅳ-70.
영덕 광산봉수

사진Ⅳ-71.
영덕 광산봉수
제사지내는 모습

38. 경주 하서지봉수

하서지봉수(下西知烽燧)는 경북 경주시 양남면 하서리의 해발 71m인 나지막한 구릉에 위치하고 있다.

초축시기는 고려시대이며 봉수노선과 성격상 제2거 간봉(1)노선의 연변봉수이다. 대응봉수는 남쪽의 울산 남목봉수에서 신호를 받아 북쪽의 경주 독산봉수에 응하였다. 봉수의 형식분류상 연대+연조+호형으로서 평면 원형이다.

사진Ⅳ-72.
경주 하서지봉수
연대

사진Ⅳ-73.
경주 하서지봉수
연조

봉수의 특징은 동해안 연변봉수의 전형으로서 유지가 온전하며 연대·연조·호·토교·창고지 등 다수의 부속시설이 잔존하고 있다. 특이하게 연조가 석축의 원형 연대 동쪽 중간부에 반구형으로 해안을 향해 남-북으로 5개소 마련되어 있는데 아직까지 타 지역 봉수에서는 확인되지 않은 유일한 예이다.

연대는 석축으로 높이 4∼4.5m가량이며 연대 상부 서쪽에 치우쳐 원형의 연소실 1개소가 마련되어 있다. 직경은 2.5m이다.

사진Ⅳ-74.
경주 하서지봉수 호

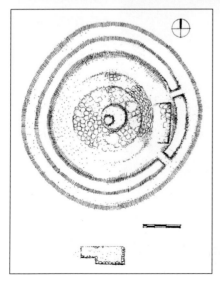

도면Ⅳ-18.
경주 하서지봉수
평면도(이철영 작성)

39. 포항 오봉봉수

오봉봉수(烏峰烽燧)는 경북 포항시 북구 흥해읍 오도리와 칠포리 경계의 해발 116m인 봉화산 정상부에 위치하고 있다. 입지상 4방을 조망하기 용이한 곳이며 멀리서도 산정의 봉수 유지가 뚜렷하게 확인된다.

초축시기는 고려시대이며 봉수노선과 성격상 제2거 간봉(1)노선의 연변봉수이다. 대응봉수는 남쪽의 포항 지을봉수(知乙烽燧)에서 신호를 받아 북쪽의 포항 도이산봉수(桃李山烽燧)에 응하였다.

연대는 봉수 내부의 민묘 조성과정에서 일부 훼손되었는데 높이 2m가량이다. 봉수의 형식분류상 연대+방호벽형으로서 특이하게 연대에서 방호벽으로 연결되는 통로시설이 마련되어 있다.

* 지을봉수(知乙烽燧): 경북 포항시 북구 흥해읍 죽천리와 우목리 경계의 지을산에 위치하는 제2거 간봉(1)노선의 연변봉수이다. 남으로 포항 대동배봉수(大冬背烽燧)에서 신호를 받아 북으로 오봉봉수(烏峰烽燧)에 응하였다.

사진Ⅳ-75.
포항 오봉산봉수
연대

사진Ⅳ-76.
포항 오봉산봉수
연결통로

40. 포항 대곶봉수

대곶봉수(大串烽燧)는 경북 포항시 남구 구룡포읍 석병리의 해발
140m인 산정에 위치하고 있다. 봉수내부는 소나무가 무성하며 주위는
보리밭이다.

사진Ⅳ-77. 포항 대곶봉수

초축시기는 고려시대이며 18세기 중엽 이전까지 단기간에 운영된 봉수이다. 봉수노선과 성격상 제2거 간봉(1)노선의 연변봉수이다. 대응봉수는 남쪽의 포항 뇌성산봉수(磊城山烽燧)에서 신호를 받아 북쪽의 포항 사지봉수(沙只烽燧)에 응하였다.

연대는 축조상 토·석 혼축의 원형으로 하복 폭 9m, 높이 1.5m가량이다. 연대 상부의 연소실은 원형으로 폭 1.5m, 깊이 0.5m가량이다. 연대 주위는 호가 2중으로 있는데 폭은 3.3~3.4m가량이다.

봉수의 형식분류상 연대+호형에 속하며 호가 2중인 평면 원형으로서 동해안지역 초기 봉수의 전형적인 한 형태를 보여주고 있다.

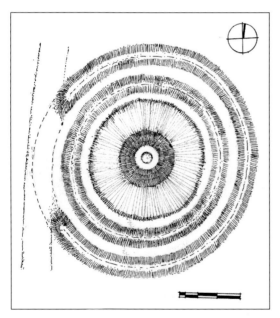

도면Ⅳ-19. 포항 대곶봉수 평면도(이철영 작성)

41. 포항 도이산봉수

도이산봉수(桃李山烽燧)는 경북 포항시 북구 송라면 방석리와 화진리 경계의 해발 110.2m인 봉화산 정상부에 위치하며 달리 도리현봉수(桃李峴烽燧)로도 지칭된다.

초축시기는 고려시대이며 봉수노선과 성격상 제2거 간봉(1)노선의 연변봉수이다. 대응봉수는 남쪽의 포항 오봉봉수(烏峰烽燧)에서 신호를 받아 북쪽의 영덕 별반산봉수(別畔山烽燧)에 응하였다.

봉수의 축조는 토·석 혼축으로 연대 상부는 헬기장화되어 있으며 호는 북서쪽에만 잔존하고 있다. 봉수의 형식분류상 연대+호형으로서 평면 원형이다.

사진Ⅳ-78. 포항 도이산봉수

42. 포항 뇌성봉수

뇌성봉수(磊城烽燧)는 경북 포항시 남구 장기면 모포리의 해발 212m 인 뇌성산 정상부에 위치하고 있으며, 포항지역 내 유일하게 뇌성산성 (磊城山城) 내에 소재하는 봉수이다.

초축시기는 고려시대이며, 봉수노선과 성격상 제2거 간봉(1)노선의 내지+연변 복합봉수이다. 대응봉수는 남쪽의 복길봉수(福吉烽燧)에서 신호를 받아 북쪽의 발산봉수(鉢山烽燧)에 응하였다.

봉수의 특징은 입지상 연변지역이나, 봉수구조상 내지봉수와 연변봉 수의 복합형태를 띠고 있다. 이를 통해 초축 시 호를 갖춘 연변봉수였 으나 후대 내지스타일로 방호벽을 갖추었던 것으로 보인다. 이는 방호 벽이 호를 치고 나가면서 구축된 데서 확인되며 시기차를 두고 개축 이 있었던 것으로 추측된다.

사진Ⅳ-79.
포항 뇌성봉수 내부
모습

특이하게 연조가 폭 3m가량의 북쪽 방호벽 상부 담장지에 동-서 로 배치되어 있는데 아직까지 타 지역 봉수에서는 확인되지 않은 유 일한 예이다.

사진Ⅳ-80.
포항 뇌성봉수
북쪽방호벽 상부
연조군

사진Ⅳ-81.
포항 뇌성봉수 우물

출입시설은 동쪽과 서쪽에 계단식의 형태로 설치하였는데 동쪽의 경우 길이 3m, 폭 1.7m이며, 서쪽의 경우 길이 2.2m, 폭 2m가량이다. 호는 방호벽에서 북쪽 바깥에 위치하여 일부 1/4가량 잔존하고 있는데, 전체적으로는 원형이었을 것으로 추정된다. 호의 안쪽과 바깥쪽은 석축이며 폭은 160cm가량이다. 우물은 방호벽에서 서북쪽 바깥에 위치하는데 평면 원형의 석축으로 너비는 안쪽이 0.8m, 바깥쪽이 1.3m이며 깊이 0.8m 이하로는 흙으로 채워져 있다. 우물 축조에 사용된 석재는 30×16, 32×18, 35×24cm가량의 화강석이다.

봉수의 규모는 석축으로 전체 둘레 101.3m가량의 대형이다. 봉수의 형식분류상 연조+방호벽+호형으로서 평면 타원형이다.

* 복길봉수(福吉烽燧): 경북 포항시 남구 장기면 계원리에 위치하는 제2거 간봉(1)노선의 연변봉수이다. 남으로 경주 독산봉수(禿山烽燧)에서 신호를 받아 북으로 포항 뇌성봉수(磊城烽燧)에 응하였다.

* 발산봉수(鉢山烽燧): 경북 포항시 남구 동해면 발산리와 흥환리 경계에 위치하는 제2거 간봉(1)노선의 내지봉수이다. 남으로 포항 뇌성봉수(磊城烽燧)에서 신호를 받아 북으로 대동배봉수(大冬背烽燧)에 봉수에 응하였다.

* 뇌성산성(磊城山城): 경북 포항시 남구 장기면 모포리와 구룡포읍 경계에 해안과 인접한 뇌성산(磊城山) 정상에 축조된 성으로 정확한 축성연대는 알 수가 없다.

V 전라도

전라지역은 옛 백제(百濟)의 영역으로 여수시·고흥군·신안군·진도군·완도군 등의 지역은 크고 작은 다수의 도서(島嶼)를 끼고 있는 곳이다. 이러한 지형적 조건은 여말선초(麗末鮮初) 왜구의 침입이 극성을 이루었을 때 이들에게 은신처의 제공 및 침입하기에 좋은 조건을 제공하여 경상지역과 더불어 숱한 침입을 겪었으며 약탈대상지로서 큰 피해를 입었던 곳이다.

이에 대한 방비책으로 당시 이들 도서연안지역에 설치됐던 봉수 중 여수 돌산도봉수(突山島烽燧)는 조선시대 5거제의 봉수제에서 제5거 직봉노선의 연변봉수가 초기하였던 곳이다. 조선시대 발간의 각 지지서에 기록되어 있는 약 50개소 내외의 봉수 외에 조선 후기 지방지도에 보이는 여수지역 도서 소재 26개소의 요망(瞭望) 표기를 통해 경상지역 다음으로 많은 봉수가 소재하였던 중요한 지역임을 알 수 있다.

여수지역 다음으로 많은 봉수가 소재하는 곳은 고흥군(高興郡)으로서 이 지역은 20개소의 봉수가 조사되어 보고된 바 있다. 이들 봉수는 각각 축조시기가 다른 데다 구조·형태를 달리하고 있어 시기별 축조시기에 따른 봉수의 구조·형태적 차이점을 비교·검토하는 데 좋은 사례가 되고 있다.

직 봉

1. 여수 돌산도봉수

돌산도봉수(突山島烽燧)는 전남 여수시 돌산읍 둔전리 봉수마을 뒷산인 해발 381m의 봉화산 정상에 위치하고 있다. 조선전기『세종실록』의 지리지(1454)에 돌산봉화(突山烽火)로 기록되어 있으나, 이후 전라좌수영(全羅左水營)의 전초기지였던 방답진이 설치되면서 달리 방답진봉수(防踏鎭烽燧)로도 통칭되었다.

사진 V-1.
여수 돌산도봉수
연대

초축시기는 고려시대이며, 봉수노선과 성격상 제5거 직봉노선의 봉수가 초기하는 연변봉수이다. 대응봉수는 조선전기에는 서쪽으로 여수시 화양면 장수리 소재 백야봉수(白也烽燧)에 응하고 북쪽으로 현재소재 불명의 성두봉화(城頭烽火)에 응하였다. 조선 중기 이후에는 북쪽으로 진례산봉수(進禮山烽燧)의 신설 이후 조선 후기까지 노선의

변동이 없이 유지되었다. 따라서 돌산도봉수에서 초기한 봉수는 전라
북도 서해안을 따라 충청도 내륙지방을 거쳐서 강화도의 여러 봉수를
경유한 다음 서울의 개화산봉수(開花山烽燧)에 도착하며 최종 경봉수
인 서울 목멱산 제5봉으로 통하였다.

봉수는 원형이 잘 남아 있는 석축의 평면 원형의 봉수로, 동쪽에서
시작하여 서쪽으로 돌면서 최종 북쪽으로 오를 수 있는 폭 1m가량의
나선형(螺旋形) 오름시설과 동쪽에는 근래에 계단식 형태의 인위적인
출입시설을 해 놓았다. 연대의 높이는 4m 내이며, 상부의 직경은 3m
가량이다. 봉수의 형식분류상 연대형이다.

또한 봉수의 동쪽 하단부에서 7m가량 떨어져서는 바위 중앙에 폭
16cm, 깊이 13cm가량으로 구멍을 낸 확돌 1기가 인접하여 있는데, 봉
수군이 나무열매와 곡식 등을 가는 데 사용하였던 것으로 여겨진다.

* 나선형(螺旋形) 오름시설: 전라·경상지역의 남해연안 연변봉수에서 특징
  적으로 보이는 오름시설로서 꽈배기처럼 원형 혹은 반원형으로 돌아 연대
  상부에 오르도록 되어 있다.
* 개화산봉수(開花山烽燧): 서울시 강서구 개화동과 방화동 경계의 해발
  128.4m인 개화산 정상에 소재하며 조선시대 제5거 직봉노선의 연변봉수로
  서 김포 냉정산봉수(冷井山烽燧)에서 신호를 받아 이를 최종 목멱산 제5
  봉에 전달하였다.
* 진례산봉수(進禮山烽燧): 전라남도 여수시 상암동의 영취산(靈鷲山) 정상
  에 소재하며 조선시대 제5거 간봉노선의 연변봉수로서 돌산도봉수에서 신
  호를 받아 이를 광양의 건대산봉수(件對山烽燧)에 전달하였으며 순천 성황
  당봉수(城隍堂烽燧)를 거쳐 최종 본읍(本邑)에 전달되었다.

2. 여수 백야곶봉수

사진 V-2.
여수 백야곶봉수
복원된 연대

백야곶봉수(白也串烽燧)는 전남 여수시 화양면 장수리 장등마을 뒷
산인 해발 370m의 봉화산 정상에 위치하고 있다. 백야(白也)라는 명
칭은 이곳이 육지가 바다에 내미는 곳이며, 백야도를 내왕하는 관문이
기 때문에 그 섬 이름을 따서 백야곶봉수라 하였다는 유래가 있다. 여
수반도의 서해안 지역에 위치하여 멀리 고흥군의 외나라도까지 폭넓
게 관망할 수 있는 장소이다.

화양면 화동리 산전마을과 원포마을에서 시작된 산림 도로가 8부 능
선까지 연결되어 있으며, 장등 마을 쪽은 등산로가 잘 다듬어져 있어 비
교적 접근이 용이하다.

초축시기는 고려시대이며, 봉수노선과 성격상 제5거 직봉노선의 봉수이
다. 대응봉수와 소속은 동쪽의 여수 돌산도봉수(突山島烽燧)에서 신호를
받아 서쪽의 고흥 팔전산봉수(八巓山烽燧)에 응하였던 전라좌수영(全羅左
水營) 소관의 봉수였다.

봉수는 1997년도에 화양면에서 연대를 복원하여 원형을 상실한 상
태이다.

* 팔전산봉수(八巓山烽燧): 전남 고흥군 영남면 금사리의 해발 608.6m인 팔
영산(八巓山)에 소재하며 조선시대 제5거 직봉노선의 연변봉수이다. 백야
곶봉수에서 신호를 받아 고흥의 마북산봉수(馬北山烽燧)에 응하였다.

3. 고흥 마북산봉수

마북산봉수(馬北山烽燧)는 전남 고흥군 포두면 차동리의 해발 538.5m
의 마복산(馬伏山) 정상에 위치하고 있다. 고흥읍에서 15번 국도를 따
라 나로도 방향으로 가다가 내산3거리 내산마을의 마복사 뒤로 등산
로를 따라 봉수가 있는 산 정상까지 오를 수 있다.

입지상 4방을 조망할 수 있는 곳으로 특히 동남쪽으로 순천만과 고
흥반도의 해상을 조망하기에 좋은 곳이다.

사진Ⅴ-3. 봉수에서 내려다 본 남해연안

초축시기는 조선 중기이며, 봉수노선과 성격상 제5거 직봉노선의 연
변봉수이다. 대응봉수와 소속은 동쪽의 팔전산봉수(八巓山烽燧)에서
신호를 받아 서쪽의 천등산봉수(天燈山烽燧)에 응하였던 전라좌수영
(全羅左水營) 소관의 봉수였다.

봉수는 산 정상의 평탄지에 원형으로 축조된 연대와 그 주변으로
원형의 석축 방호벽 유지가 남아 있다. 연대는 원형이 비교적 잘 보존
되어 있는데 높이 220~250cm가량이며 남동쪽에서 시작하여 동남쪽
에서 끝나는 나선형 오름시설은 폭 150cm로 최근 정비한 것이다. 봉
수의 형식분류상 연대+방호벽형이다.

사진 V-4. 고흥 마북산봉수 연대

* 천등산봉수(天燈山烽燧): 전남 고흥군 도화면・포두면・풍양면의 경계인 해
  발 555m의 천등산에 소재하며 조선시대 제5거 직봉노선의 연변봉수이다.
  대응봉수노선이 시기별로 차이는 있으나, 조선 후기에는 최종 동쪽으로 마
  북산봉수에서 신호를 받아 서쪽으로 장기산봉수(帳機山烽燧)에 응하였다.

4. 고흥 장기산봉수

장기산봉수(帳機山烽燧)는 전남 고흥군 도양읍 용정리의 해발 226.8m인 장계산 정상부에 위치하고 있다. 입지상 고흥반도의 서남해를 비롯한 사방을 조망하기 좋은 곳이다. 또한 바다를 사이에 두고 보성, 장흥, 완도군과 마주 보고 있으며, 전방에는 비교적 큰 섬인 거금도 외에 손죽열도, 초도군도로 일컫는 다수의 작은 도서해안이 해중(海中)에 산재하고 있다. 봉수의 남쪽에는 조선시대 만호진이 있었던 녹동항이 바라보인다.

초축시기는 고려시대이며, 봉수노선과 성격상 제5거 직봉노선의 연변봉수이다. 대응봉수와 소속은 동쪽의 천등산봉수(天燈山烽燧)에서 신호를 받아 서쪽의 보성 정흥사봉수(正興寺烽燧)에 응하였던 전라좌수영(全羅左水營) 소관의 봉수였다.

사진 V-5.
고흥 장기산봉수
연대

봉수는 산 정상에 남-북장축의 능선을 이루는 평탄지를 따라 남단부에 말각방형의 토석혼축 연대 1기와 그 외곽으로 타원형의 호가 잔

존한다. 또한 연대의 동쪽과 남쪽에는 연대와 호를 연결하는 통로시설
이 확인되는데 연결부의 폭은 2.2~3.7m이며, 높이는 1.1m가량이다.
봉수의 형식분류상 연대+호형이다.

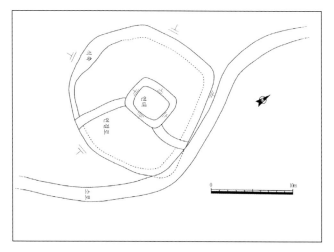

도면Ⅴ-1. 고흥 장기산봉수 평면도(순천대학교 박물관)

5. 장흥 천관산봉수

천관산봉수(天冠山烽燧)는 전남 장흥군 관산읍과 대덕읍 경계의 해
발 723.1m인 천관산 정상 연대봉(烟台峰)에 위치하고 있다. 이곳은
지형상 남-북으로 길게 능선을 이루고 있다.

봉수가 위치한 천관산은 호남 5대 명산의 하나이자 기암괴석의 돌
산으로 산 정상에서 보는 다도해 해상국립공원은 장관을 이루며 사방
을 조망하기 용이한 곳이다. 또한 산이 기(氣)가 세다는 속설대로 산
정상은 항상 안개에 가려 있을 때가 많다.

초축시기는 고려시대이며, 봉수노선과 성격상 제5거 직봉노선의 연변봉수이다. 대응봉수는 시기에 따라 별도로 북쪽으로 억불산봉수(億佛山烽燧)에 응하기도 하였으나, 최종 동쪽으로 전일산봉수(全日山烽燧)에서 신호를 받아, 서쪽으로 강진 원포봉수(垣浦烽燧)에 응하였다. 봉수제가 운영되던 조선 후기에는 전라좌수영(全羅左水營) 소관의 봉수였다.

봉수는 산 정상에 방형의 석축연대로 복원되어 있으나, 하부 기초석은 원형이 잔존하고 있다. 중간쯤에는 직선으로 계단식 오름시설이 마련되어 있다. 봉수의 형식분류상 연대형이다.

사진 Ⅴ-6. 장흥 천관산봉수 복원된 연대

* 원포봉수(垣浦烽燧): 전남 강진군 마량면 원포리의 해발 358m인 봉대산 정상에 위치하고 있다. 문헌에 따라 거차산봉수(巨次山烽燧)·남원포봉수(南垣浦烽燧) 등으로 지칭되었다.

6. 해남 달마산봉수

달마산봉수(達麻山烽燧)는 전남 해남군 송지면 서정리의 해발 485m
인 달마산 정상에 위치하고 있다. 산 아래 5부 능선쯤에는 전남에서 아
름다운 절로 소문난 미황사(美黃寺)가 있어 사찰답사 겸 동쪽으로는
진도, 완도군 등의 도서와 다도해 해상국립공원이 장관을 이루고 있어
산행의 보는 즐거움을 더해 주고 있다.

봉수명칭상 남인도인(南印度人)으로서 6세기경 중국으로 건너가 선
종(禪宗)의 개조(開祖)가 되었다는 보리달마(菩提達磨)의 이름에서
연유한 듯 불교적(佛敎的)인 색채가 짙어 특이하다.

초축시기는 조선 초기를 전후한 시기로 추정되며, 봉수노선과 성격
상 제5거 직봉노선의 연변봉수이다. 대응봉수와 소속은 동쪽으로 완도
봉수(莞島烽燧)에서 신호를 받아, 서쪽으로 해남 관두봉수(館頭烽燧)
에 응하였던 전라우수영(全羅右水營) 소관의 봉수였다.

사진 Ⅴ-7. 해남 달마산봉수 복원된 연대(최진연)

봉수는 산 정상에 밑 부분 기단석만 원형이고 위로는 원형으로 석축연대 1기가 복원되어 있는데, 중앙부에 계단식으로 오름시설이 마련되어 있다. 봉수의 형식분류상 연대형이다

봉수군 인원은 조선 후기인 1872년경 발간된『호남읍지(湖南邑誌)』에 봉수오장(烽燧伍將) 12명, 봉군(烽軍) 20명 등 총 32명의 봉수군이 소속되어 있었다. 또한 다른 봉수와 달리 40종 내의 각종 봉수대 거화재료·방호시설 및 무기와 소량의 생활비품이 기록되어 있어 당시의 봉수운영 체계를 이해하는 데 귀중한 자료가 되고 있다.

7. 진도 첨찰산봉수

첨찰산봉수(僉察山烽燧)는 전남 진도군 고군면 고성리, 의신면 사천리 경계의 해발 485.2m인 산 정상에 위치하고 있다. 봉수가 위치하는 첨찰산은 진도에서 가장 높은 산으로 진도의 진산(鎭山)이다. 입지상 다도해 해상국립공원을 훤히 조망하는 것 외에 일직선상에 고려시대 삼별초의 항몽유적지인 용장산성(龍藏山城)을 시야에 두고 있는 곳이다.

초축시기는 조선 중기이며, 봉수노선과 성격상 제5거 직봉노선의 연변봉수이다. 대응봉수와 소속은 남쪽의 여귀산봉수(女貴山烽燧)에서 신호를 받아 북쪽의 황원성봉수(黃原城烽燧)에 응하였던 전라우수영(全羅右水營)

사진 V-8. 진도 첨찰산봉수연대(최진연)

소관의 봉수였다.

봉수는 산 정상에 타원형의 석축연대 1기가 있으며, 봉수에서 200m 아래에 집터가 있으나, 대나무 숲에 가려 확인할 수 없다. 봉수의 형식분류상 연대형이다.

* 여귀산봉수(女貴山烽燧): 전남 진도군 임회면 죽림리의 해발 475m인 여귀산 정상에 소재하며 조선시대 제5거 직봉노선의 연변봉수이다. 대응봉수는 관두산봉수(館頭山烽燧)에서 신호를 받아 첨찰산봉수(僉察山烽燧)에 응하였다.
* 황원성봉수(黃原城烽燧): 전남 해남군 화원면 장춘리, 문내면 고당리 경계의 일성산(日星山)에 소재하며 조선시대 제5거 직봉노선의 연변봉수이다. 대응봉수는 첨찰산봉수에서 신호를 받아 나주 군산봉수(群山烽燧)에 응하였다.
* 용장산성(龍藏山城): 전라남도 진도군 내면 용장리에 있는 고려시대 석축 산성으로 사적 제126호. 고려 배중손(裵仲孫)이 삼별초군을 이끌고 강화에서 이곳에 들어와, 관부(官府)·영성(營城)을 쌓고 고려와 원나라에 저항하였으나, 김방경(金方慶)이 이끈 관군에게 패하였다. 현재 성내에는 용장사지(龍藏寺址)·행궁지(行宮址)가 남아 있다.

8. 무안 해제봉수

해제봉수(海際烽燧)는 전남 무안군 해제면 신정리의 해발 197m인 봉대산(烽臺山)에 위치하고 있다. 남서쪽 봉우리에는 최근 산림도로 개설과정에서 확인되어 조사가 이루어진 삼국시대의 산성이 인접하고 있다. 봉수명칭상 시기별로 해제봉화(海際烽火), 해제후산봉수(海際後山烽燧), 해제산봉수(海際山烽燧) 등으로 지칭되었다.

초축시기는 고려시대이며, 봉수노선과 성격상 제5거 직봉노선의 연변봉수이다. 대응봉수와 소속은 동남쪽의 옹산봉수(甕山烽燧)에서 신호를 받아 북쪽으로 영광 차음산봉수(次音山烽燧)에 응하였던 전라우수영(全羅右水營) 소관의 봉수였다. 봉수의 형식분류상 연대형이다.

봉수군 인원은 조선 후기 발간의 『호남읍지(湖南邑誌)』(1872・1895)에 봉수별장(烽燧別將) 14명, 봉군(烽軍) 150명, 봉대직(烽臺直) 2명이 있었다고 하나, 당시 함평현에는 옹산・해제 등 2개소의 봉수가 속해 있었기에 각각 봉수별장 7명, 봉군 75명, 봉대직 1명씩의 봉수군이 있었던 셈이다.

또한 동서의 「함평현읍지(咸平縣邑誌)」봉수십물조(烽燧什物條)를 통해 동현의 옹산봉수(瓮山烽燧)와 함께 봉수대 운영에 필요한 최소한의 거화비품(擧火備品) 및 재료, 신호전달비품, 방호비품 및 무기, 생활비품 및 시설 등 총 18종의 비치물목이 기록되어 있다. 이 중 장전(長箭)・편전(片箭)・조총(鳥銃)・환도(環刀)・부(釜) 등 일부 물목에 대해서는 무우무족(無羽無鏃)・파상(破傷) 등의 기록을 통해 비품관리가 이루어지고 있었음을 알 수 있다.

사진 V-9. 무안 해제봉수터 전경

봉수는 옹산봉수에서 동북쪽으로 12km의 거리를 두고 24번 국도에 의해 연륙화되어 있는 지도 내의 가장 높은 해발 197m의 봉대산(烽臺山) 정상에 그 터가 남아 있다. 현재 봉수터에는 봉대정(峯台亭) 이름의 8각정이 건립돼 있으며 주변이 체육시설 등으로 정비돼 있다. 입지상 동쪽으로는 함평만(咸平灣)을 사이에 두고 함평·무안군과 인접하고 있으며, 서·남쪽은 신안반도의 무수히 많은 크고 작은 섬들과 해안을 두루 관망할 수 있는 최적의 위치이다. 특히 북쪽은 황해(黃海)를 사이에 두고 영광 차음산봉수와 지척에 마주 대하고 있다.

또한 봉수대 하단부 오른쪽의 샛길로는 현재도 식수로 사용이 가능한 우물지가 남아 있다.

9. 무안 옹산봉수

옹산봉수(瓮山烽燧)는 전남 무안군 현경면 용천리의 해발 82m인 봉대산(烽臺山) 정상에 위치하고 있다.

초축시기는 고려시대이며, 봉수노선과 성격상 제5거 직봉노선의 연변봉수이다. 대응봉수와 소속은 남쪽의 청계면 강정리 도대봉 소재 고림산봉수(高林山烽燧)에서 신호를 받아 서남쪽으로 해제면 신정리 소재의 해제봉수(海際烽燧)에 응하였던 전라우수영(全羅右水營) 소관의 봉수였다. 봉수의 형식분류상 연대+호형이며 평면은 타원형이다.

봉수군 인원은 조선 후기 발간의 『호남읍지(湖南邑誌)』(1872·1895)에 봉수별장(烽燧別將) 14명, 봉군(烽軍) 150명, 봉대직(烽臺直) 2명이 있었다고 하나, 당시 함평현에는 옹산·해제 등 2개소의 봉수가 속해 있었기에 각각 봉수별장 7명, 봉군 75명, 봉대직 1명씩의 봉수군이 있었던 셈이다.

사진 V-10.
무안 옹산봉수
전경

사진 V-11.
무안 옹산봉수 호

또한 동서의 「함평현읍지(咸平縣邑誌)」봉수십물조(烽燧什物條)를 통해 동현의 해제봉수(海際烽燧)와 함께 봉수대 운영에 필요한 최소한의 거화비품(擧火備品) 및 재료, 신호전달비품, 방호비품(防護備品) 및 무기(武器), 생활비품(生活備品) 및 시설(施設) 등 총 14종의 비치물목이 기록되어 있다. 이 중 기(旗)·편전(片箭)·부(釜) 등 일부 물목에 대해서는 오상(朽傷)·절상(折傷) 또는 파상(破傷) 등의 기록을 통해 비품 관리가 이루어지고 있었음을 알 수 있다.

봉수는 함평·무안군과 함평만(咸平灣)을 사이에 두고 24번 국도로 연육화되어 있는 작은 섬 내 해발 82m인 나지막한 봉대산(烽臺山) 정상부에 그 터가 남아 있다. 해제면 신정리의 해제봉수와 함께 과거 봉수제가 운영되던 당시 임치진에 속하였던 봉수이다. 1976년경 전경 부대가 주둔하면서 유구가 훼손된 것을 2001년 공공근로사업으로 정비하였다. 이때 등산로를 개설하고 봉수 내에 8각정과 체육시설, 벤치 등의 휴게시설을 갖추어 놓았다. 비록 연대는 훼손되었지만 주위에 평면 원형의 호(壕)가 잘 남아 있다.

* 임치진: 전남 무안군 해제면 임수리에 위치하며, 길이 100m, 높이 3.5m, 폭 2m가량으로 잔존한다.

10. 부안 월고리봉수

월고리봉수(月古里烽燧)는 전북 부안군 변산면 격포리의 해발 174.2m 인 봉화산(烽火山) 정상에 위치하고 있다. 달리 격포봉수(格浦烽燧)로도 지칭되고 있다.

사진 V-12.
부안 월고리봉수
연대 복원된 모습

초축시기는 고려시대이며, 봉수노선과 성격상 제5거 직봉노선의 연변
봉수이다. 대응봉수와 소속은 남쪽의 소응포봉수(所應浦烽燧)에서 신호
를 받아 북쪽으로 점방산봉수(占方山烽燧)에 응하였던 전라우수영(全羅
右水營) 소관의 봉수였다.

봉수는 산정상부 남동-북서에 2개소의 연대가 복원되어 있는데, 봉
수의 형식분류상 연대형이다. 석축으로 복원된 원통형의 연대는 2단의
원형 석축 기단 위에 원형의 연통시설을 마련하여 놓았다.

11. 부안 계화리봉수

계화리봉수(界火里烽燧)는 전북 부안군 계화면 계화리의 해발 246.3m
인 봉화산(烽火山) 정상에 위치하고 있다. 가장 이른 시기의 봉수명칭
은 계건이봉화(界件伊烽火)이며 달리 계화도봉수(界火島烽燧)로도 지
칭되고 있는데 현재 부안군 향토유적 제9호로 지정되어 있다. 봉수가
위치하는 산정은 평면 원형에 가까우며 이곳은 4방을 조망하기 용이
한 곳이다.

사진 V-13.
부안 계화리봉수
연대 복원된 모습

초축시기는 고려시대이며, 봉수노선
과 성격상 제5거 직봉노선의 연변봉
수이다. 대응봉수와 소속은 시기에 따
라 노선의 치폐가 있었으나 가장 최
후기의 노선은 남쪽의 점방산봉수(占
方山烽燧)에서 신호를 받아 북쪽으로
옥구 화산봉수(花山烽燧)에 응하였던
전라우수영(全羅右水營) 소관의 봉수
였다.

봉수는 1995년도의 복원으로 인해
원형을 상실한 상태인데, 봉수의 형
식분류상 연대+방호벽형이다. 석축으

사진 V-14. 부안 계화리봉수 연통

로 복원된 원통형의 연대는 거대하며 상부 원형의 연통시설을 마련하
여 놓았다. 연대의 남쪽에는 방호벽 석축이 잡풀과 토사에 묻혀 확인
되고 있다.

사진 V-15.
부안 계화리봉수
에서 본 격포진

● 간 봉

1. 여수 봉화산봉수

봉화산봉수(烽火山烽燧)는 전남 여수시 만흥동의 해발 460m인 봉화산 정상에 위치하고 있다. 입지상 왜적의 침입이 잦았던 동쪽의 남해안 앞바다와 통영, 거제, 광양 등 4방을 한눈에 조망할 수 있는 곳이다.

관련 문헌기록이 없어 위치하고 있는 산의 이름을 빌어 봉수명칭을 표기하고 있다. 축조시기와 봉수성격은 조선 후기에 자체방어 및 전보 통신 수단으로 사용하기 위해 축조된 권설봉수(權設烽燧)이다.

봉수는 2002년 10월~2003년 2월에 걸친 정비를 통해 무너진 곳을 보수하고 동쪽에서 시작하여 북쪽으로 오를 수 있는 나선형 오름시설 을 마련하여 복원된 상태이다. 복원과정에서 연대와 주변뿐만 아니라 특히 연대 남동쪽의 주거지터에서 무수히 많은 수마석(水磨石)이 출 토되기도 하였다. 복원 전의 모습은 평면 말각장방형의 석축으로 남쪽 과 서쪽의 석축이 잘 남아 있는 반면, 북쪽은 많이 무너진 상태였다. 축조상 하부에 56×38, 66×60, 90×40cm가량의 화강암 석재로 기저부를 마련하고 상부로 갈수록 직방형의 큰 석재와 이보다 작은 돌을 섞어 축조하였는데, 사이마다 작은 돌을 채워 넣어 빈 공간을 보충하였다. 봉수의 형식분류상 연대+방호벽형이다.

또한 연대에 덧붙여 방호벽을 시설하였는데, 이러한 형태의 봉수는 구조·형태적으로 울산 이길봉수(爾吉烽燧), 남해 대방산봉수(臺防山 烽燧), 진도 상당곶봉수(上堂串烽燧) 등과 유사하다.

사진 V-16.
여수 봉화산봉수
복원전의 모습

사진 V-17.
여수 봉화산봉수
출토 수마석

2. 고흥 사화랑봉수

　사화랑봉수(沙火郎烽燧)는 전남 고흥군 금산면 석정리 거금도(居金島) 내의 해발 592.2m인 적대봉(積台峰) 정상에 위치하고 있다. 섬 내에 위치한 까닭에 녹동항에서 뱃길로 30분가량이 소요되며, 섬 내에서 가장 해발고도가 높은 적대봉 정상에 위치한 까닭에 달리 적대봉봉수(積台峰烽燧)로도 호칭되고 있다.

사진V-18. 고흥 사화랑봉수 연대

입지상 봉수가 위치한 거금도는 고흥반도의 서남쪽에 돌출하여 위치한 가장 큰 섬으로 남해안을 통해 침입하려는 적의 동태를 파악하기 좋은 곳이다.

초축시기는 조선 중기이며 18세기 중엽까지 단기간에 운영된 봉수이다. 봉수노선과 성격상 제5거 간봉노선의 연변봉수이다. 서쪽으로 녹도진(鹿島鎭)에 응하고 동쪽으로 발포진(鉢浦鎭)에 응하였다.

봉수는 산 정상의 암반 위에 축조한 원형의 석축연대로 외면은 마치 성벽을 쌓듯이 치석한 장방형의 석재를 '품(品)'자 형태로 쌓아 올렸다. 과거 금산면의 유적보존회에서 실시한 보수를 통해 원래의 축조 부분과 동·북쪽의 보수 부분이 구분된다. 연대의 규모는 직경 7m, 높이 4m, 전체 둘레 34m가량이다. 봉수의 형식분류상 연대형이다.

* 녹도진(鹿島鎭): 전남 고흥군 도양읍 봉암리에 위치하며 조선 초에 설진되었다. 전라좌도 도만호진(全羅左道 都萬戶鎭)인 여도관하(呂島管下)에 내례(內禮), 돌산(突山), 축두(築頭), 회영포(會寧浦), 마도(馬島), 달량(達梁), 어란(於蘭) 등과 함께 만호가 배치되어 중선(中船) 6수, 별선(別船) 2수, 군(軍) 483인, 초공(梢工) 4인이 주둔하던 곳이었다.

* 발포진(鉢浦鎭): 전남 고흥군 도화면 발포리 성촌마을에 소재한다. 전라좌수영 산하의 5관5포(5관: 순천·낙안·보성·광양·고흥, 5포: 사도·여도·녹도·발포·방답) 중 수군만호가 다스린 수군진성으로서 성종 21년(1490) 적양성, 지세포성, 안골포성 등과 함께 축성되어 고종 31년(1894) 폐지되었다. 또한 선조 13년(1580) 이순신이 36세 때 발포만호로 부임해와 18개월 동안 재임했던 인연을 맺고 있다. 성벽은 옹형에 가까운 사다리꼴 형태로 전체 둘레는 560m이고 높이는 약 4m이다. 또 서벽이 동벽보다 깊고 현재 동서남북 4벽이 거의 원상태로 남아 있으나 동벽과 남벽은 민가의 담으로 이용되고 있다. 성안의 건물지로서는 동헌과 객사, 배수로, 무기고, 동문, 서문, 남문, 망루터 등이 남아 있다. 이 성은 여천선소 유적과 함께 임진왜란 때 좌수영 산하의 수군기지로서 의미가 크다.

3. 고흥 가내포봉수

가내포봉수(加乃浦烽燧)는 전남 고흥군 도하면 구암리 가인동의 해발 125.4m인 봉화산 정상부에 위치하고 있다. 입지적으로 고흥반도의 남단 중앙부에 해당하며 육지에서 바다 쪽으로 돌출된 지역으로 3면이 바다와 접해 있다. 사방으로 주위 도서 조망이 가능하나 특히 동쪽과 서쪽의 해안을 조망하기에 유리한 곳이다.

초축시기는 조선 중기이며 19세기 중엽까지 단기간에 운영된 봉수이다. 봉수노선과 성격상 제5거 간봉노선의 연변봉수이다. 대응봉수는 서쪽으로 가화봉수(加禾烽燧)에 응하고 동쪽으로 소포봉수(召浦烽燧)에 응하였다.

봉수는 평면 방형의 석축 연대 상부에 방형의 연소실이 온전하게 남아 있다. 연대의 규모는 직경이 동서 6.4m, 남북 6.6m, 높이는 지형에 따라 차이가 있는데 남쪽이 0.9m, 동쪽과 서쪽이 1.5m가량이다. 연소실은 직경이 동서 3.4m, 남북 3.2m이다. 높이는 내벽의 경우 남쪽이 0.8m, 북쪽이 1.2m이다. 또한 연대와 건물지의 하단부로는 많이 허물어져 있지만 방호 석축이 확인된다. 봉수의 형식분류상 연대+방호벽형이다.

가내포봉수의 특징은 해안과 인접한 바위 암반 절벽상에 연대 및 건물지가 축조돼 있어 마치 하나의 요새 같은 느낌을 주며, 전체적인 형태가 고성 좌이산봉수(佐耳山烽燧)와 유사하다.

* 가화봉수(加禾烽燧): 전남 고흥군 도화면 구암리 전어포에서 북동쪽 해발 187m의 야산 정상에 소재하며 조선시대 제5거 노선의 연변봉수이다. 초축시기는 조선 중기이며 대응봉수는 서로 다고두봉수(多古頭烽燧), 동으로 가내포봉수(加乃浦烽燧)에 응하였다.
* 소포봉수(召浦烽燧): 전남 고흥군 덕일면 덕흥리 해발 244m의 깃대봉 정상에 소재하며 조선시대 제5거 노선의 연변봉수이다. 초축시기는 조선 중기이며 대응봉수는 서로 가내포봉수, 동으로 사도봉수(蛇渡烽燧), 북으로 여도(呂島)에 응하였다.

사진 V-19.
고흥 가내포봉수
연대 내부의 연소실

사진 V-20.
고흥 가내포봉수
건물지 전경

4. 고흥 유주산봉수

　유주산봉수(楡朱山烽燧)는 전남 고흥군 도화면 구암리의 해발 416.6m
의 유주산(楡朱山) 정상에 위치하고 있다. 입지상 남·서쪽으로 해안
을 조망하기 양호한 반면 동·북쪽은 산으로 막혀 있는데 특히 서쪽
으로는 거금도와 마주 보고 있다.

　초축시기는 조선 중기이며 18세기 중엽까지 단기간에 운영된 봉수
이다. 봉수노선과 성격상 동쪽의 마북산봉수(馬北山烽燧)에서 신호를
받아 서쪽의 천등산봉수(天燈山烽燧)에 응하였던 제5거 간봉노선의
연변봉수이다.

　봉수는 유주산의 정상부에 북동-남서로 긴 능선을 이루는 중간지점
에 방형으로 축조된 연대 1기가 남아 있다. 연대는 남쪽면이 허물어진
반면 나머지 3면은 원형이 잘 남아 있다. 전체적인 규모는 기저부 76
0~780cm로 거의 일정한 반면 높이는 동쪽이 290cm, 북쪽은 350cm가
량으로 약간의 차이가 있다. 봉수의 형식분류상 연대형의 봉수이다.

　봉수에 오르기 전 산의 8부 능선상에는 타 봉수에서는 찾아보기 힘

든 봉수군의 주둔 혹은 생활과 관련된 석축 건물지가 잘 남아 있다.
평명형태상 남-북 장축의 직방형이다. 건물지의 남쪽 바로 앞에는 4
매의 판석을 세워 방형으로 축조한 우물이 한 개소 남아 있다.

사진 V-21. 고흥 유주산봉수 연대

사진 V-22.
고흥 유주산봉수
우물

사진 V-23.
고흥 유주산봉수
연대 하단부 건물지

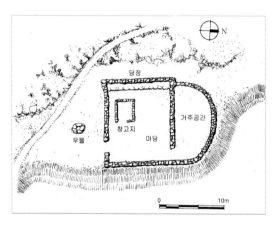

도면 V-2.
고흥 유주산봉수
건물지 평면도
(이철영 작성)

5. 장흥 억불산봉수

억불산봉수(億佛山烽燧)는 전남 장흥군 장흥읍 우목리의 해발 5182m
인 억불산 정상에 위치하고 있다. 장흥읍 내에서 남쪽 정면에 바라보
이는 산이다. 봉수로 가는 길 중간에는 보호수로 지정되어 있는 억불
산 소나무가 1주 있는데, 속설에는 억불산 봉수의 봉수지기 신씨가 매
일 이곳을 지나면서 마을의 안녕과 평온을 빌었다고 한다.

초축시기는 고려시대이며, 봉수노선과 성격상 제5거 간봉(1)노선의
연변봉수이다. 대응봉수는 시대에 따라 다소 차이가 있지만 최종 동쪽
의 전일산봉수(全日山烽燧)에서 신호를 받아 북쪽의 강진 수인산봉수
(修仁山烽燧)에 응하였다.

봉수에 대한 사서의 기록은 조선 명종 14년(1559) 2월에 억불산봉
수연대가 벼락에 부서지고 그 밑 지대(地臺)의 큰 돌이 뽑혀 간 곳이
없었다 하여 벼락으로 인해 봉수가 훼손된 사실을 전하고 있다.

사진 V-24.
장흥 억불산봉수
연대

봉수는 억불산 연대봉의 동-서로 장축을 이루는 바위암반 능선상
의 동쪽 높은 곳에 위치하고 있는데, 4방을 조망하기 용이한 곳이다.
연대는 평면 방형으로 기저부 4면에 치석한 흔적이 있는데 원지형을
살리고 낮은 곳은 석축으로 보강하였다. 연대의 규모는 직경이 동서
8.5m, 남북 7.3m가량이며, 높이는 지형에 따라 다른데 동쪽이 1.6m,
서쪽이 2.8m, 남쪽이 1.1m, 북쪽이 1.8m가량이다. 봉수의 형식분류상
연대형이다.

* 수인산봉수(修□山烽燧): 전남 강진군 병영면 박동리의 수인산성 내에 위치하고 있다.

6. 진도 상당곶봉수

상당곶봉수(上堂串烽燧)는 전남 진도군 임회면 귀성리의 해발 204m인 오봉산(五峰山) 정상에 유지가 잘 남아 있다. 위치하는 산명을 빌려 달리 오봉산봉수(五峰山烽燧)로도 호칭된다. 봉수는 깎아 자른 듯이 해안절벽을 이루고 있는 산정에 위치하여 접근이 용이하지 않은 상태이다.

초축시기는 조선 후기이며, 봉수노선과 성격상 제5거 간봉(1)노선의 연변봉수이다. 봉수가 운영되던 당시 동지역의 여귀산봉수(女貴山烽燧)에 응하였다.

봉수는 남-북 장축을 이루는 가파른 절벽의 암반 북쪽에 석축 연대 1기와 남쪽으로 연조 4기가 시설되어 있다. 또한 연대에 덧붙여 동서로 방호벽이 2등변 삼각형의 모양으로 낮게 축조돼 있다. 봉수의 형식분류상 연대+연조+방호벽형이다

연대는 평면 타원형이며 상부에 연소실로 추정되는 원형의 시설과 내에 육안으로 드러나는 검은 재층이 있어 거화의 흔적이 뚜렷하다. 축조상 서쪽은 30°가량 상부로 들여쌓기 했고 동쪽은 수직에 가깝다. 연대의 규모는 상부 직경이 동서 5.8m, 남북 6.8m가량이며, 높이는 지형에 따라 다른데 1.3~2.6m가량으로 전체 둘레 21.5m이다.

연조 4기는 약 3.5m의 거리를 두고 동서 일직선으로 배치되어 있다. 축조상 바위 내부를 방형으로 파서 연조시설을 하거나, 바위암반 위에 원형으로 시설하기도 했다. 각 연조의 직경은 2m 내이다.

사진 V-25.
진도 상당곶봉수
(최진연)

사진 V-26.
진도 상당곶봉수
연조

7. 신안 상라산봉수

대흑산도 내에서 가장 높은 곳에 위치하는 봉수로서 동쪽으로는 봉수가 있는 대봉산(大鳳山)과 인접하고 있다. 또한 주위에는 다물도(多物島), 대둔도(大芚島), 대장도(大長島), 영산도(永山島) 등의 작은 도서가 둘러싸고 있는 형세이다.

봉수는 상라산 정상부를 배경으로 육지 쪽으로 할석을 이용하여 막
쌓기 한 연대 1기가 남아 있다. 연대 내부는 연소실로 보기에는 규모
가 큰 공간이 마련되어 있는데 내부공간의 깊이는 1.5m가량이다. 출
입구는 연대 위에서 들어가게끔 시설하였다.

사진Ⅴ-27.
진도 상라산봉수
연대 및 내부 모습
(최진연)

8. 신안 대봉산봉수

대봉산봉수(大鳳山烽燧)는 전남 신안군 흑산면 예리의 해발 100m가량
인 대봉산 정상에 위치하며 서쪽으로 진리의 상라산봉수(上羅山烽燧)
를 마주 보고 있다. 해발고도가 낮은 데다 최근 통신탑의 개설로 인해
접근이 용이한 편이다.

봉수는 토석 혼축의 연대 1기와 건물터 및 석축의 연조 4기가 잔존
하고 있다. 연대는 훼손되어 유지만 남아 있는데, 연대 아래에는 약
50m의 거리를 두고 석축 건물터 유지가 있다. 또한 동-서로 일직선
상에 석축의 연조 4기가 약 3m의 간격을 두고 찔레 잡목 속에 있다.
봉수의 형식분류상 연대+연조형이다.

사진Ⅴ-28. 신안 대봉산봉수 전경(최진연)

9. 진안 태평봉수

태평봉수(太平烽燧)는 전북 진안군 주천면 대불리의 해발 830m인 성재봉우리에 위치하고 있다. 전북소재 봉수 중 가장 원형이 잘 남아 있는 봉수이나, 문헌기록이 없어 정확한 봉수명칭과 대응봉수 추정이 곤란한 상태이다. 전라북도 지방기념물 제36호로 지정되어 있다.

초축시기는 삼국시대 백제에 의해 초축된 것으로 구전되며 봉수노선상 제5거 노선이다. 봉수성격은 입지적으로 해안과 멀리 떨어진 내지(內地)임에도 봉수 구조·형태상 연변봉수에서나 볼 수 있는 석축 방형의 연대를 갖추고 있어 양 요소가 복합된 성격의 봉수이다. 봉수의 형식분류상 연대형이다.

봉수의 규모는 전체 둘레 30.6m, 높이는 지형에 따라 2.7~4.9m가량 이다.

연변봉수 조사일람표

烽燧名稱	調査年度	調査種類	路線·性格	報告書 및 參考文獻	備考
始興 正往山烽燧	88	지표	제5거 연변직봉	명지대박물관,『始華地區 開發事業區域 地表調査』,1988.	유구멸실
釜山 天城堡烽燧	95	지표	제2거 연변간봉	부산광역시립박물관,「강서구 천가동 연대산 봉수대 지표조사」,『박물관연구논집』3,1995.	복원
巨濟 玉女峰烽燧	95	지표	제2거 연변	거제시,『옥녀봉봉수대 지표조사보고』,1995.	도기념물129. 복원
釜山 爾吉烽燧	97	시굴	제2거 연변간봉	부산광역시립박물관,『이길봉수대 시굴조사』,1999.	시기념물38. 복원
	01	발굴		釜山博物館,『爾吉烽燧臺』,2004.	
平澤 塊台吉串烽燧	98~99	지표	제5거 연변직봉	京畿道博物館,『平澤 關防遺蹟(Ⅰ) 精密地表調査報告書』,1999.	향토유적1
固城 佐耳山烽燧	98~99	지표	제2거 연변간봉	東亞大博物館,『佐耳山烽燧臺 地表調査報告書』,1999.	도기념물138
統營 彌勒山烽燧	99	지표	제2거 연변간봉	慶南文化財研究院,『統營 彌勒山烽燧臺』,2001.	도기념물210
南海 錦山烽燧	99	지표	제2거 연변간봉	남해군,『금산봉수대 지표조사보고서』,1999	도기념물87
南海 臺防山烽燧	99~00	지표	제2거 연변간봉	남해군 창선면,『대방산봉수대 지표조사보고서』,2000.	도기념물248
東海 於達山烽燧	00	발굴	제2거 연변간봉	江陵大博物館,『東海 於達山烽燧臺』,2001.	도기념물13. 복원
盈德 大所山烽燧	01~02	지표	제2거 연변간봉	慶尙北道文化財研究院,『盈德 大所山烽燧臺 精密地表調査報告書』,2002.	도기념물37. 복원
巨濟 江望山烽燧	01~02	지표	연변봉수	東亞大博物館,『巨濟 江望山烽燧臺 精密地表調査 報告書』,2002.	도기념물202 복원
	05	시굴		東亞細亞文化研究院,『巨濟 江望山 烽燧臺 文化遺蹟 試掘調査 報告書』,2007.	
金浦 守安山烽燧	03	시굴	제5거 연변직봉	漢陽大學校博物館,『金浦 文殊山城·守安山城 試掘調査 報告書』,2003.	山城조사와 병행
蔚山 柳浦烽燧	03	지표	제2거 연변간봉	울산광역시 북구청,『우가산 유포봉수대』,2003.	시기념물13

烽燧名稱	調査年度	調査種類	路線·性格	報告書 및 參考文獻	備考
仁川 柚串烽燧	04	지표	제5거 연변직봉	인하대박물관, 『仁川 柚串烽燧 精密地表調査 報告書』, 2004.	·
蔚山 川內烽燧	04	지표	제2거 연변간봉	울산과학대학, 『蔚山 川內烽燧臺 學術調査 報告書』, 2004.	시기념물 14
濟州 兎山烽燧	04	지표	연변	濟州文化藝術財團 文化財研究所, 『兎山烽燧』, 2004.	·
固城 曲山烽燧	04	시굴	제2거 내지간봉	경남고고학연구소, 『固城 曲山烽燧 試掘調査 報告書』, 2006.	도기념물 236
固城 天王岾烽燧	05	시굴	제2거 내지간봉	경남고고학연구소, 『固城 天王岾烽燧 發掘調査報告書』, 2007.	도기념물 221
咸安 巴山烽燧	05	발굴	제2거 연변간봉	東亞細亞文化研究院, 『咸安 巴山烽燧臺 文化遺蹟 發掘調査 報告書』, 2007.	도기념물 220.복원
光陽 件臺山烽燧	05	시굴	제5거 연변간봉	南道文化財研究院, 『光陽市의 支石墓와 護國抗爭遺蹟』, 2005.	·
瑞山 主山烽燧	06	발굴	제5거 연변간봉	忠淸文化財研究院, 『瑞山 主山烽燧』, 2007.	山城조사 와 병행 연대멸실
統營 閑背串烽燧	07	지표	제2거 연변간봉	경남대박물관, 『統營 閑山島 望山別望烽燧臺 精密地表調査報告書』, 2007.	·

▌ 참고문헌 ▌

■ 地誌書 및 史書

- 『慶尙道地理志』(1425)
- 『高麗史』(1451)
- 『世宗實錄地理志』(1454)
- 『慶尙道續撰地理誌』(1469)
- 『新增東國輿地勝覽』(1530)
- 『東國輿地志』(1656)
- 『鶴城誌』(1749)
- 『輿地圖書』(1760)
- 『東史綱目』(1778)
- 『獻山誌』(1786)
- 『慶尙道邑誌』(1832)
- 『輿圖備志』(1856)
- 『大東地志』(1864)
- 『嶺南邑誌』(1871·1895)
- 『湖南邑誌』(1872·1895)
- 『增補文獻備考』(1908)

■ 學位論文(年度順)

- 方相鉉, 『朝鮮前期 通信制度의 研究－烽燧制를 中心으로－』, 慶熙大學校 碩士學位論文, 1976.

· 朴世東, 『朝鮮時代 烽燧制 研究-慶尙道 地方을 中心으로-』, 嶺南大學
　　校 碩士學位論文, 1987.
· 盧泰允, 『朝鮮時代 烽燧制 研究』, 檀國大學校 碩士學位論文, 1991.
· 孫德榮, 『朝鮮時代 公州地方의 烽燧에 대한 考察』, 公州大學校 碩士學
　　位論文, 1992.
· 金明徹, 『朝鮮時代 濟州道 關防施設의 研究-邑城·鎭城과 烽燧·煙臺
　　를 중심으로-』, 濟州大學校 碩士學位論文, 2000.
· 金周洪, 『京畿地域의 烽燧研究』, 祥明大學校 碩士學位論文, 2001.
· 金一來, 『朝鮮時代 忠淸道 지역의 沿邊烽燧』, 서울市立大學校 碩士學位
　　論文, 2001.
· 李貴惠, 『釜山地方의 烽燧臺 研究』, 釜山大學校 碩士學位論文, 2001.
· 이상호, 『조선후기 울산지역 봉수군에 대한 고찰』, 울산대학교 석사학
　　위논문, 2004.
· 李喆永, 『朝鮮時代 沿邊烽燧에 관한 研究』, 大邱가톨릭大學校 博士學位
　　論文, 2006.
· 洪性雨, 『慶南地域 烽燧臺의 構造에 관한 一考察』, 慶南大學校 碩士學
　　位論文, 2007.

■ 研究論文

· 姜仁中, 「釜山地方의 烽燧台沿革 및 位置考」, 『朴元杓先生回甲紀念釜山
　　史論叢』, 1970.
· 김경추, 「朝鮮時代 烽燧体制와 立地에 관한 연구-강원도를 중심으로-」,
　　『地理學研究』제35권 3호, 韓國地理教育學會, 2001.
· 김도현, 「삼척의 烽燧와 관련 民間信仰」, 『江原史學』19·20合集, 2004.
· 김도현, 「삼척지역의 烽燧研究」, 『博物館誌』第11號, 江原大學校 中央博
　　物館, 2004.
· 김범수, 「당진지역의 봉수」, 『內浦文化』제15호, 唐津鄕土文化研究所, 2003.
· 김성미, 「창녕 여통산 봉수대 발굴조사 개보」, 『한국성곽학보』제9집, 한

국성곽학회, 2006.

· 金榮官, 「조선시대 서울 지역의 봉수대 설치와 운영」, 『한국성곽연구회 정기학술대회』(叢書 5), 한국성곽연구회, 2004.

· 金榮官, 「조선시대 서울 지역의 봉수대 설치와 운영」, 『白山學報』69, 白山學會, 2004.

· 김용우, 「浦項의 봉수대」, 『東大海文化研究』(제10집), 동대해문화연구소, 2005.

· 김용욱, 「조선조 후기의 烽燧制度 – 해안 봉수대를 중심으로 –」, 『法學研究』第44卷 第1號 · 通卷52號, 釜山大學校 法學研究所, 2003.

· 金周洪, 「朝鮮時代의 烽燧制 – 京畿地域을 中心으로 –」, 『實學思想研究』19 · 20, 毋岳實學會, 2001.

· 金周洪, 「慶尙地域의 烽燧(Ⅰ)」, 『聞慶 炭項烽燧 地表調査報告書』(研究叢書 第30冊), 忠北大學校 中原文化研究所, 2002.

· 金周洪, 「慶尙地域의 烽燧(Ⅱ)」, 『實學思想研究』23輯, 毋岳實學會, 2002.

· 金周洪, 「京畿地域의 烽燧位置考(Ⅱ)」, 『白山學報』62, 白山學會, 2002.

· 金周洪, 「忠北地域의 烽燧(Ⅰ)」, 『忠州 馬山烽燧 地表調査報告書』(研究叢書 第40冊), 忠北大學校 中原文化研究所, 2003.

· 金周洪, 「仁川地域의 烽燧(Ⅰ)」, 『仁川文化研究』創刊號, 인천광역시립박물관, 2003.

· 金周洪, 「울산지역의 봉수」, 『울산관방유적(봉수)』, 울산문화재보존연구회, 2003.

· 金周洪, 「韓國의 沿邊烽燧(Ⅰ)」, 『한국성곽연구회 정기학술대회』(叢書 2), 한국성곽연구회, 2003.

· 金周洪, 「朝鮮前期 京畿中部地域의 烽燧 考察」, 『祥明史學』第8 · 9合輯, 祥明史學會, 2003.

· 金周洪, 「海東地圖」의 烽燧標記形態 考察」, 『학예지』제10집, 육군사관학교 육군박물관, 2003.

· 김주홍, 「경기도의 봉수」, 『京畿道의 城郭』, 경기문화재단, 2003.

· 김주홍, 「京畿南部地域의 烽燧 現況」, 『平澤 關防遺蹟(Ⅱ)』(遺蹟調査報告 第17冊), 京畿道博物官, 2004.

· 金周洪, 「韓國烽燧의 構造·施設과 地域別 現況 考察」, 『한국성곽연구
회 정기학술대회』(叢書 5), 한국성곽연구회, 2004.

· 金周洪, 「韓國의 沿邊烽燧(Ⅱ)」, 『울산지역 봉수체계와 천내봉수대의
보전방안』, 울산과학대학 건설환경연구소, 2004.

· 金周洪, 「韓國 沿邊烽燧의 形式分類考(Ⅰ)」, 『實學思想研究』27輯, 毋岳
實學會, 2004.

· 金周洪·玄南周, 「高麗~朝鮮時代 江華島의 烽燧·瞭望」, 『江華外城 地
表調査報告書』, 韓國文化財保護財團, 2006.

· 나동욱, 「강서구 천가동 연대산봉수대 지표조사」, 『博物館研究論集』3,
부산광역시립박물관, 1995.

· 나동욱, 「慶南地域 關防遺蹟의 研究 現況과 課題」, 『학예지』제8집, 육군
사관학교 육군박물관, 2001.

· 나동욱, 「경남지역의 봉수」, 『울산관방유적(봉수)』, 울산문화재보존연구
회, 2003.

· 나동욱, 「釜山 慶南地域 봉수대의 구조와 시설」, 『울산지역 봉수체계와
천내봉수대의 보전방안』, 울산과학대학 건설환경연구소, 2004.

· 南都泳, 「朝鮮時代 軍事通信組織의 發達」, 『韓國史論』9, 國史編纂委員
會, 1986.

· 南都泳, 「馬政과 通信」, 『韓國馬政史』, 한국마사회 마사박물관, 1997.

· 朴相佾, 「朝鮮時代의 烽燧運營體系와 遺蹟現況」, 『清大史林』第6輯, 清州
大學校 史學會, 1994.

· 백종오 외, 「京畿·서울·仁川地域 關防遺蹟의 研究 現況」, 『학예지』제
8집, 육군사관학교 육군박물관, 2001.

· 백형선, 「여수의 봉수대」, 『아살자 2001 자료집』, 여수시민협, 2001.

· 신재완, 「保寧의 烽燧臺」, 『保寧文化』第8輯, 保寧文化研究會, 1999.

· 元慶烈, 「驛站과 烽燧網」, 『大東輿地圖의 研究』, 成地文化社, 1991.

· 유재춘, 「江原地域 關防遺蹟의 研究 現況과 課題」, 『학예지』제8집, 육군
사관학교 육군박물관, 2001.

· 尹聖儀, 「唐津地域의 烽燧址」, 『內浦文化』제5호, 唐津鄕土文化研究所, 1993.

· 李元根, 「朝鮮 烽燧制度考」, 『蕉雨 黃壽永博士 古稀紀念 美術史學論叢』,

通文館, 1988.

· 李元根, 「烽燧槪說」, 『韓國의 城郭과 烽燧』下, 한국보이스카우트연맹, 1991.

· 이지우, 「조선시대 경남지역 烽燧臺의 변천」, 『경남의 역사와 사회 연구』(연구총서Ⅷ), 경남대학교 경남지역문제연구원, 2003.

· 이지우, 「朝鮮時代 慶南地域 烽燧臺의 運用實態」, 『加羅文化』第18輯, 慶南大學校博物館加羅文化研究所, 2004.

· 이철영, 「천내봉수대의 현황과 보전방안」, 『울산지역 봉수체계와 천내봉수대의 보전방안』, 울산과학대학 건설환경연구소, 2004.

· 이철영 · 윤재웅, 「조선시대 봉수군의 주거에 관한 연구 - 경상도 지방을 중심으로 -」, 『한국주거학회논문집』제16권제6호, 한국주거학회, 2005.

· 이철영 · 윤재웅, 「조선시대 연변봉수의 배치형식 및 연대에 관한 연구」, 『건축역사연구』49 제15권5호, 韓國建築歷史學會, 2006.

· 임정준, 「蔚珍地域의 烽燧 調査報告」, 『史香』창간호, 울진문화원부설 울진역사연구소, 2003.

· 車勇杰, 「한국 봉수의 성격 · 기능 · 특징」, 『한국성곽연구회 정기학술대회』(叢書 5), 한국성곽연구회, 2004.

· 許善道, 「烽燧」, 『韓國軍制史』, 陸軍本部, 1968.

· 許善道, 「近世朝鮮前期의烽燧制(上)」, 『韓國學論叢』第7輯, 國民大學校韓國學研究所, 1985.

· 許善道, 「近世朝鮮前期의 烽燧(下)」, 『韓國學論叢』第8輯, 國民大學校 韓國學研究所, 1986.

· 황의호 · 신재완 · 황의천, 「보령지역의 봉수대 연구」, 『제19회 전국향토문화연구발표수상논문집』, 전국문화원연합회, 2004.

▣ 調査報告書

· 江陵大學校 博物館, 『東海 於達山 烽燧臺』(學術叢書 33冊), 2001.

· 거제시, 『옥녀봉 봉수대 지표조사보고서』, 1995.

· 京畿道博物館, 『平澤의 歷史와 文化遺蹟』, 1999.

· 京畿道博物館, 『平澤 關防遺蹟(Ⅰ)』(遺蹟調査報告 第3册), 1999.
· 京畿道博物館, 『도서해안지역 종합학술조사-임진강-』Ⅰ, 2000.
· 京畿道博物館, 『도서해안지역 종합학술조사-한강-』Ⅱ, 2002.
· 京畿道博物館, 『도서해안지역 종합학술조사-안성천-』Ⅲ, 2003.
· 京畿道博物館, 『平澤 關防遺蹟(Ⅱ)』(遺蹟調査報告 第17册), 2004.
· 慶南考古學研究所, 『固城 曲山烽燧 試掘調査 報告書』, 2006.
· 慶南考古學研究所, 『固城 天王岾烽燧 發掘調査 報告書』, 2007.
· 경남대학교박물관, 『統營 閑山島 望山 別望烽燧臺 精密地表調査 報告書』,
　　　 2007.
· 慶南文化財研究院, 『統營 彌勒山烽燧臺』(學術調査研究叢書 第10輯), 2001.
· 경북문화재연구원, 『영덕 대소산봉수대 정밀지표조사보고서』(학술조사
　　　 보고 제22책), 2002.
· 국립문화재연구소, 『軍事保護區域 文化遺蹟 地表調査報告書』(江原道篇),
　　　 2000.
· 국립문화재연구소, 『軍事保護區域 文化遺蹟 地表調査報告書』(京畿道篇),
　　　 2000.
· 國立中央科學館, 『外羅老島 宇宙센터 建設事業地域內 文化遺蹟 地表調
　　　 査報告書』(遺蹟調査報告 11), 2001.
· 金海市, 『盆山城 地表調査 報告書』, 1999.
· 南道文化財研究院, 『長興郡의 城郭』, 2004.
· 南道文化財研究院, 『光陽市의 支石墓와 護國抗爭遺蹟』, 2005.
· 남해군, 『금산봉수대 지표조사보고서』, 1999.
· 남해군 창선면, 『대방산 봉수대 지표조사보고서』, 2000.
· 東亞大學校 博物館, 『佐耳山烽燧臺 地表調査報告書』, 1999.
· 東亞大學校 博物館, 『巨濟 江望山烽燧臺 精密地表調査報告書』, 2002.
· 東亞細亞文化財研究院, 『咸安 巴山 烽燧臺 文化遺蹟 發掘調査 報告書』
　　　 (第12輯), 2007.
· 東亞細亞文化財研究院, 『巨濟 江望山 烽燧臺 文化遺蹟 發掘調査 報告書』
　　　 (第13輯), 2007.
· 明知大學校 博物館, 『始華地區 開發事業區域 地表調査』(遺蹟調査報告

第2輯), 1988.
· 부산광역시립박물관, 「강서구 천가동 연대산 봉수대 지표조사」, 『박물
　　관연구논집』3, 1995.
· 釜山光域市立博物館, 『慶尙左水營城址』(硏究叢書 第21冊), 2001.
· 釜山博物館, 『機張郡 孝岩里 爾吉烽燧臺』(學術硏究叢書 第23輯), 2004.
· 釜山大學校博物館, 『釜山光域市 機張郡 文化遺蹟 地表調査報告書』, 1998.
· 釜山大學校 韓國文化硏究所, 『慶尙左水營城址 學術調査報告書』, 1990.
· 성남시 · 성남문화원, 『城南 天臨山烽燧』, 2006.
· 성남시 · 성남문화원, 『韓國의 烽燧 40選』, 2007.
· 順天大學校 博物館, 『全羅左水營의 역사와 문화』(地方文化資料叢書 第
　　3), 1993.
· 順天大學校 博物館, 『高興郡의 護國遺蹟Ⅱ-烽燧-』(學術資料叢書 第
　　38), 2002.
· 順天大學校 博物館, 『全羅左水營城址』(學術資料叢書 第43), 2002.
· 順天大學校 文化遺産硏究所, 『順天市의 城郭과 烽燧』(硏究叢書 第1), 2007.
· 안동대학교박물관, 『울진군 봉수대 지표조사보고서』(총서 42), 2006.
· 圓寂山烽燧臺 保存會, 『梁山圓寂山烽燧臺 精密地表調査報告』(慶南 梁山
　　郡 上北面), 1991.
· 울산과학대학 건설환경연구소, 『蔚山 川內烽燧臺 學術調査報告書』, 2004.
· 울산광역시 북구청 · 울산대학교 도시 · 건축연구소, 『우가산 유포봉수대』,
　　2003.
· 울산광역시 울주군 · 울산대학교 도시 · 건축연구소, 『서생 나사봉수대』,
　　2004.
· 陸軍士官學校 陸軍博物館, 『江華郡 軍事遺蹟-城郭 · 烽燧篇-』(遺蹟調
　　査報告 第7輯), 2000.
· 陸軍士官學校 陸軍博物館, 『강화도의 국방유적』, 2000.
· 陸軍士官學校 陸軍博物館, 『江原道 高城郡 軍事遺蹟』(遺蹟調査報告 第
　　10輯), 2003.
· 인하대학교 박물관, 『仁川 柚串烽燧 정밀지표조사 보고서』(조사보고 제
　　41책), 2004.

·濟州文化藝術財團 文化財研究所, 『兎山烽燧』(濟州遺蹟調査報告 2004 - 33), 2004.
·昌原大學校 博物館, 『昌原郡 文化遺蹟 精密地表調査報告』(學術調査報告 第6冊), 1994.
·충남발전연구원, 『태안 백화산 종합정비계획 및 백화산성 문화유적 정밀지표조사』, 2002.
·忠北大學校 中原文化研究所, 『聞慶 炭項烽燧 地表調査報告書』(研究叢書 第30冊), 2002.
·하동군, 『하동 금오산 봉수대 지표조사보고서』, 2001.
·한양대학교 문화인류학과, 『파주시의 역사와 문화유적』(연구총서 제14집), 1999.

■ 單行本

·金秀宗, 『韓國의 烽燧制度』, 國防軍史研究所, 1997.
·김주홍 外, 『韓國의 烽燧』, 눈빛, 2003.
·徐仁源, 『朝鮮初期 地理志 研究』, 혜안, 2002.
·손영식, 『전통 과학 건축』, 대원사, 1996.
·이상태, 『한국 고지도 발달사』, 혜안, 1999.
·許善道, 『朝鮮時代 火藥兵器史研究』, 一潮閣, 1997.
·경기문화재단, 『京畿道의 城郭』, 2003.
·울산문화재 보존연구회, 『울산관방유적(봉수)』(울산유적총서1), 2003.
·長水文化院, 『長水郡의 山城과 烽燧』, 2002.
·전북체신청, 『全北의 烽燧臺』, 1992.
·한국보이스카우트연맹, 『韓國의 城郭과 烽燧』(하), 1990.
·한국성곽학회, 『한국성곽학보』제9집, 2006.

찾아보기

• 저자 •

김주홍   • 약 력 •
(金周洪)   청주대학교 사범대학 역사교육과 졸업
상명대학교 대학원 사학과 석사과정 졸업
충북대학교 대학원 사학과 박사과정 수료
문화재청 국립경주문화재연구소
한국토지공사 토지박물관

• 주요논저 •
「京畿地域의 烽燧硏究」
「慶尙地域의 烽燧」Ⅰ
「慶尙地域의 烽燧」Ⅱ
「韓國의 沿邊烽燧」Ⅰ
「울산지역의 봉수」
「韓國 沿邊烽燧의 形式分類考」Ⅰ
「高麗~朝鮮時代 江華島의 烽燧·瞭望」
『한국의 봉수』(공저)
외 다수

한국의
연변봉수

• 초판 인쇄 | 2007년 12월 20일
• 초판 발행 | 2007년 12월 20일

• 지 은 이 | 김주홍
• 펴 낸 이 | 채종준
• 펴 낸 곳 | 한국학술정보㈜
경기도 파주시 교하읍 문발리 513-5
파주출판문화정보산업단지
전화 031) 908-3189(대표) · 팩스 031) 908-3189
홈페이지 http://www.kstudy.com
e-mail(출판사업부) publish@kstudy.com
• 등   록 | 제일산-115호(2000. 6. 19)
• 가   격 | 23,000원

ISBN   978-89-534-7909-8 93910 (Paper Book)
978-89-534-7910-4 98910 (e-Book)